Kari Köster-Lösche · Karl-Heinz Lösche

Tinkeltuut & Co.

**Über Muscheln und Schnecken
von Strand und Watt**

Husum

Die Deutsche Bibliothek – CIP-Einheitsaufnahme

Ein Titeldatensatz für diese Publikation ist bei
Der Deutschen Bibliothek erhältlich

© 2001 by Husum Druck- und Verlagsgesellschaft mbH u. Co. KG,
   Husum
Satz und Lithographie: Fotosatz Husum GmbH
Druck und Verarbeitung: Husum Druck- und Verlagsgesellschaft
Postfach 1480, D-25804 Husum – www.verlagsgruppe.de
ISBN 3-88042-982-0

Hallo, Strand- und Wattwanderer, Gäste, Einheimische, Neugierige und Schlemmer!

Welch spannendes Erlebnis, nach einem Sturm oder Starkwind am Strand entlangzulaufen und Muschelschalen oder Schneckengehäuse aufzulesen, die die Wellen ans Ufer geworfen haben!

Aber wie heißen sie? Wie lebten sie im Wasser? Was gibt es Besonderes und Interessantes über sie zu berichten? Und kann man mit den Schalen und Gehäusen etwas anfangen, auch wenn man nicht beabsichtigt, eine wissenschaftliche Sammlung anzulegen? Diese und andere Fragen beantworten wir, wobei wir unsere Aquarelle zu Hilfe nehmen, die sämtlich nach der Originalgröße der Schalentiere gemalt wurden (von wenigen Ausnahmen abgesehen, in denen Vergrößerungen nötig waren, um wesentliche Unterscheidungsmerkmale sichtbar zu machen).

Ein ganz besonderes Erlebnis an der See ist das Sammeln von lebenden Muscheln oder Schnecken für Speisezwecke – so wie es an den Küsten über Jahrtausende gehandhabt wurde.

In früheren Zeiten ging es mehr um Sättigung; heutzutage sind Muscheln und Schnecken zur Delikatesse avanciert, die man für gewöhnlich in einem Restaurant genießt. Aber warum die künftigen Delikatessen nicht selbst einsammeln? Viel beeindruckender ist es nämlich, diese Tiere selbst zu suchen; wir beschreiben, wie man es macht (hinsichtlich etwaiger gesetzlicher Beschränkungen sollte man sich vor Ort erkundigen).

Ohne auf Vollständigkeit zu pochen, haben wir vieles zusammengetragen, was uns rund um Schnecken und Muscheln bemerkenswert erscheint, und so stehen etwa neben einem traditionellen Halligrezept, einem Schneckenlied oder dem modernen Vorschlag zur Zubereitung einer Delikatesse aus Muscheln auch der lateinische Name und naturwissenschaftliche Besonderheiten.

Die von uns beschriebenen Schalentiere sind natürlich nicht auf die deutschen Küsten beschränkt; sie kommen an den Küsten von Dänemark, der Niederlande und Großbritannien bei entsprechenden Lebensbedingungen ebenso vor.

Gewissermaßen als Teil für das Ganze gehen wir an vielen Stellen auf die Besonderheiten im nordfriesischen Wattenmeer ein, wo uns auch kulturgeschichtliche Details aus früheren Zeiten und Kochrezepte zugänglich sind. An anderen Küstenstrichen mag es ganz ähnliche Erinnerungen geben.

Die nicht hochdeutschen Namen von Muscheln und Schnecken entstammen der friesischen und der niederdeutschen (plattdeutschen) Sprache, wie sie auf den Halligen (Langeness, Hooge, Oland, Gröde) gesprochen wird.

Die eine oder andere Muschel oder Schnecke fehlt in unserer Sammlung – wir haben sie entweder nicht gefunden, oder sie war so klein, dass man sie nur auf Knien und mit der Lupe vor Augen entdecken kann. Solch mühsame Suche wollten wir den Lesern ersparen – das Büchlein soll hauptsächlich Freude bereiten und in verschiedenen Richtungen Anregungen geben. Und wenn es einen Anstoß gibt, sich intensiver mit den Schalentieren zu befassen, umso besser, dann freuen wir Autoren uns.

Kari Köster-Lösche und Karl-Heinz Lösche

Ausrüstung zum Suchen und Sammeln von Muscheln und Schnecken

Eine sinnvolle Ausrüstung zum Wandern am Meer enthält an der Nordsee Tidenkalender, Uhr und Kompass. Und an der Ostsee schadet ein Kompass ebenfalls nicht. Man sollte sich ohnehin stets bewusst sein, in welche Richtung man gehen muss, um bewohntes Land zu erreichen. Denn auch, wenn man sich vom Ufer nicht allzu weit entfernt, kann plötzlicher Seenebel die Sicht unmöglich machen. Uhr und Tidenkalender sind im Bereich der Nordsee notwendig, um festzustellen, wann es Zeit wird, sich wieder auf die Socken zu machen und den Heimweg anzutreten. Übrigens Socken: Wer sich eine Mu-

schelmahlzeit suchen will, ist gut beraten, Gummistiefel oder – bei warmem Wetter – seefeste Sandalen anzuziehen. Auf Muschelbänken und steinigen Ufern kommt man barfuß nicht gut voran … Da einige Pfund Muscheln zusammenkommen können, empfiehlt sich ein Rucksack – wer nicht gut knien kann, sollte einen Sitzrucksack für Angler mitnehmen. Auch sitzend lassen sich z. B. Herz- und Miesmuscheln einsammeln. Plastiktüten oder leinene Einkaufsbeutel für die Muscheln nicht vergessen! Wer Herz- und Tellmuscheln zu Leibe rücken möchte, benötigt eine flache Schaufel oder ein dreizinkiges Gartengerät. Die flache Schaufel bewährt sich auch beim Loslösen von Felsenaustern. Für Miesmuscheln reichen die Finger – wer empfindliche Hände hat, ist mit Haushalts-Gummihandschuhen gut gegen Schnitte durch scharfe Schalen oder kaltes Wasser gerüstet. Ein kleiner Rat für Gäste: Es empfiehlt sich, dem Vermieter Bescheid zu geben, wenn man bei Ebbe ins Watt gehen will, am besten auch, in welche Richtung …

Muscheln

Austern: Vom königlichen Privileg zur Do-it-your-self-Auster

Austern gelten seit Jahrhunderten als etwas Besonderes, als Kostbarkeit. Der dänische König Frederik II. erklärte die Austern der schleswig-holsteinischen Küste (damals dänisch) 1587 mit dem Erlass eines königlichen Privileges zu seinem Besitz.

Von da ab waren die Landesherren immer am Austernfang bzw. dem Ertrag aus der Verpachtung der Fangrechte beteiligt. Im 19. Jahrhundert wurde aus dem königlichen Privileg ein preußisches.

Mit dem „Schrapen" der Austern, dem Abbrechen der wilden Austern vom Meeresboden vom Boot aus, verdienten sich noch Anfang des 19. Jahrhunderts viele Sylter und Amrumer ihren Lebensunterhalt. Beliefert wurden via Hamburg und Flensburg auf den traditionellen königlichen Handelsrouten die großen Städte im Norden: Kopenhagen, Stockholm und St. Petersburg.

Bei der Auster handelte es sich um die Europäische Auster, die einheimische Austernart, die an den europäischen Nordseeküsten von Dänemark im Norden bis Portugal im Süden lebte.

Diese Austernfischerei wurde so lange betrieben, bis die Austernbänke erschöpft waren; danach machte sie der gewerblichen Austernkultur Platz. Die gibt es heute noch auf Sylt, und sie beliefert die Fischhändler auf den Inseln und an der Küste das ganze Jahr über mit frischen Austern.

Allerdings handelt es sich bei den heutigen Kulturen um die pazifische Form der Felsenauster, die vor Jahrzehnten eingeführt wurde, um die aussterbende Europäische Auster zu er-

*Europäische
Auster.
Wattenmeer,
Nordsee,
Ärmelkanal,
Atlantik,
Mittelmeer*

10

setzen. Erfreulicherweise ist die Felsenauster den Zuchtkäfigen entkommen und hat sich wild im Wattenmeer angesiedelt.

Für die Europäische Auster sind die klimatischen Bedingungen hingegen zu unsicher – sie wird an deutschen Küsten nicht mehr kultiviert. Jedoch deuten frische und junge Schalen darauf hin, dass sie irgendwo im Verborgenen lebt – klugerweise.

Europäische Auster

Steckbrief

Aussehen: linke (untere) Klappe gewölbt, unregelmäßig geschuppt; rechte (obere) Klappe flach
Länge: bis 15 cm
Farbe: schwarz – blaugrau – braun – cremefarben

Lebensraum: Schilfgründe, Hartböden vom Gezeitenbereich bis in 80 m Wassertiefe
Meeresgebiete: Wattenmeer (an Prielabhängen), Nordsee, Ärmelkanal, Atlantik, Mittelmeer

Lebensweise: Das Besondere an Austern ist, dass sie Zwitter sind, und zwar abwechselnd männlich und weiblich. Zur Fortpflanzung strudeln die weiblichen Austern die ins Wasser abgegebenen Spermien in ihre Mantelhöhle ein, wo die Eier befruchtet werden.
Nach etwa 2 Wochen schlüpfen Larven, die bis zu zwei Wochen frei im Wasser umherschwimmen. Bei viel Glück überleben sie diese gefährliche Phase, ohne gefressen zu werden, und suchen sich dann einen Platz zum Anheften: Das können Felsen, Steine oder Kalkschalen sein.

*Europäische
Auster.
Untere Klappe.*

*Europäische
Auster.
Obere Klappe*

13

Ist die junge Auster erst einmal ortsfest, kann sie den Platz nicht mehr verlassen, selbst wenn sie von Schlick überschüttet wird und zu ersticken droht. War er gut gewählt, kann sie dort bis zu 30 Jahre leben.

Systematik

Art: Ostrea edulis (Europäische Auster, Flat Oyster)
Gattung: Ostrea
Familie: Ostreidae (Austern, Oysters)
Überfamilie: Ostreoidea (Austern)

 ## Geschichte

Achtzehnhundertfünfundneunzig wurden zwischen Hooge im Süden und Röm im Norden noch 54 Austernbänke mit so hübschen Namen wie *Bi de Prester* oder *König Friedrich IV. Bank* gezählt.

Schon 1877 hatte der frühe Ökologe Karl Möbius gewarnt: „Wenn die Austernbänke zum allgemeinen Nutzen der Staatsbevölkerungen und zum besonderen Vorteil der Küstenbewohner dauernd ertragfähig bleiben sollen, so darf das jährliche Maass ihrer Befischung nicht nach den Ansprüchen der Consumenten und nach der Höhe der Austernpreise bestimmt werden, sondern einzig und allein nach der Menge des Zuwachses." (Reise, 1998).

Die Erfahrung lehrt leider, dass Warnungen – ganz gleich vor welchen Gefahren – verhallen: Eines Tages ist es dann zu spät. Die Austernbänke im Wattenmeer verschwanden, ebenso wie vor ihnen die Austernbänke in der Themsemündung, durch Überfischung. Neunzehnhundertfünfundzwanzig wurde die Austernfischerei eingestellt.

Mochten die Bestände für die gewerbliche Ausbeutung auch nicht reichen, konnte offenbar für den eigenen kleinen Bedarf noch einige Zeit „gefischt" werden. Die Langenesser pflückten sich bei besonders tiefem Niedrigwasser damals noch Austern von den trockengefallenen Bänken.

Diese Zeiten sind vorbei. Heute gibt es keine Austernbänke mehr. Die Europäische Auster lebt heutzutage allenfalls als Einzeltier in Prielen.

Suchen und Finden

Schalen: Zahlreiche mittelgroße Austernschalen tauchen an vielen Stränden und Ufern im Angespül der Nordsee auf, mitunter auch uralte, vielschichtige Exemplare; Langeness und Amrum können für Sammler besonders empfohlen werden.

Das Südufer von Langeness bietet sogar im Schlick steckende vollständige Exemplare aus Ober- und Unterschale, mitunter sogar mehrere zusammengewachsene Individuen. Diese Austern lebten dort an Ort und Stelle und starben ab, als der Wasserstrom, den sie zum Leben benötigen, beim Bau der Steindeiche unterbrochen wurde. An den auf der Uferbefestigung festgehaltenen Jahreszahlen lässt sich ablesen, wann die Halligpriele durchschnitten wurden: 1930/1931. Die dort liegenden Austern dürften also in dieser Zeit gestorben sein. Solche überdeichten Priele erkennt man übrigens daran, dass der Wattboden unversehens weicher wird; meistens gibt es in der Nähe auch abgestorbene Sandklaffmuscheln („Steckmuscheln").

Diese vor Jahrzehnten gestorbenen Austern haben meistens durch den Schlickeintrag dunkel verfärbte, fast schwarze Schalen. Helle Schalen finden sich im Angespül in der Nähe von Sänden oder in von Sandbänken gebaggertem Sand; schlohweiße Schalen gibt es am Ufer des Königshafens von Sylt (nördlich List).

*Aquarelle
auf Austern-
schalen*

Lebende Austern: Einheimische Europäische Austern gibt es nicht zu kaufen. Da sie durch Eiswinter ständig gefährdet waren, wurde die Zucht im Wattenmeer aufgegeben und durch die Felsenauster ersetzt.

Sofern die Europäische Auster im Handel überhaupt erhältlich ist, stammt sie aus Zuchtkulturen von Frankreich oder den Niederlanden (möglicherweise auch aus Großbritannien, Spanien, Italien).

Die Europäischen Austern gelten als besondere Delikatesse, wobei ihre Qualität – was heißen soll: ihr Geschmack – von der Bestandsdichte innerhalb der Kulturen abhängt. Je weniger Muscheln pro Quadratmeter, desto besser schmecken sie. Mit etwa 3 bis 4 Jahren werden die Austern zum Versand fertig gemacht und in den Fischgeschäften und Restaurants – lebend natürlich – auf Eis angeboten.

Freizeit

Die hellen flachen Deckel mit ihrer glänzend harten Oberfläche stellen einen hervorragenden Untergrund für Miniaturen mit echten Aquarellfarben dar (Wasserfarben gehen natürlich auch, sind aber nicht so leuchtend). Motive zu finden, bleibt jedem, der es ausprobieren möchte, überlassen. Auch wer sonst nicht malt, wird überraschende und erfreuliche Effekte erzielen.

Es empfiehlt sich, die Gemälde anschließend mit einem schnell trocknenden Lack zu überziehen.

Die Schalen kann man mit einiger Vorsicht gut mit einem feinen Bohrer durchbohren, damit man sie am Nylonfaden aufhängen kann. Auch Heißkleber sind brauchbar, während die meisten Kleber aus der Tube sich aufgrund der außerordentlich dichten und harten Struktur der Schalen später lösen.

Junge
Felsenauster.
Wattenmeer,
westeuropäische
Küsten,
japanische
Küsten

Pazifische Felsenauster

Steckbrief

Aussehen: Diese Auster ist sehr variabel in der Form: Sie kann so flach auf einem Stein wachsen, dass man sie kaum erkennt; sie kann aber auch frei im Sand liegen mit hübsch gewelltem Rand und auf Hohldornen und sofort auffallen. Die Schalen sind ungleich, krumm und oft länglich, aber immer exakt miteinander verzahnt, lamellenförmig aufgebaut und manchmal am Rand wellenförmig. Die obere, flachere Schale ist in die untere eingepasst. Die untere ist meistens tief gewölbt und zuweilen mit Hohldornen versehen. Der festsitzende Teil besteht aus unregelmäßigen Kalkausscheidungen.
Länge: länger und höher als die Europäische Auster, bis zu 25 cm (die Autoren fanden Exemplare bis zu 16,5 cm).
Farbe: weiß – grünlich – gelblich – braunviolett; innen glänzend weiß-perlmutt mit violettem Muskelfleck.

Lebensraum: auf Hartböden in der lebhaft durchströmten Gezeitenzone des Wattenmeeres, manchmal auch auf einer leeren Muschelschale festgewachsen frei im Sand oder in einem kleinen Priel liegend.
Meeresgebiete: Wattenmeer (an der Ostküste von Sylt – Blidselbucht – in Zuchtkulturen auf Austerntischen), westeuropäische Küsten, japanische Küsten

---

Systematik
Art: Crassostrea gigas (Felsenauster, Greifauster;
             Crassostrea angulata, Portugiesische Auster,
             Portuguese Oyster)
Gattung: Crassostrea
Familie: Ostreidae (Austern, Oysters)
Überfamilie: Ostreoidea (Austern)

Felsenauster

20

Geschichte

Die Felsenauster wurde 1985 als Zuchtauster auf Sylt eingeführt. Bei Amrum und Langeness hat sie sich wild angesiedelt;
in Langeness ist ihre Existenz erst seit Anfang 1999 bekannt.
Die Pazifische Felsenauster ist identisch mit der Portugiesi-
schen Auster. Beide nahmen getrennte Wege um den Globus:
Die Portugiesische Auster (Crassostrea angulata) erreichte
Portugal im 16. oder 17. Jahrhundert auf dem direkten See-
weg aus Japan und hat sich im Mittelmeer, im Ostatlantik und
im Ärmelkanal ausgebreitet.
Die Pazifische Auster (Crassostrea gigas) wurde zunächst aus
Japan an die Westküste der USA exportiert, um die dort hei-
mische, aber bis etwa 1900 durch Raubbau dezimierte Auster
zu ersetzen, und gelangte von dort 1965 nach Europa – wieder
als Ersatz für kränkelnde Austern.
Beide Arten können sich gegenseitig befruchten, trotz der
verschiedenen Namen handelt es sich also um ein und diesel-
be. Jedoch erreicht die pazifische Form größere Längen als die
portugiesische.

Suchen und Finden

Schalen: im Allgemeinen nur im Umfeld des Zuchtgebietes zu
finden, z. B. an der Nordostseite von Sylt.
Lebende Austern: Die Austern, die an vielen Küsten Europas –
wie z. B. bei Sylt –, der USA und von Australien in Aquakultu-
ren gezüchtet und in vielen Arbeitsgängen betreut und
gemästet werden, leben auch wild im nordfriesischen Wattenmeer.
Sollten Sie das Glück haben, Austern zu entdecken, bitten wir
um verantwortungsvollen Umgang mit ihnen. Behalten Sie
stets in Erinnerung, dass sie eine Kostbarkeit der Natur und in
Zuchten eine teure Delikatesse sind: Treiben Sie keinen Raub-

bau! Zur Schonung der Bestände sollte man keine Auster unter 10 cm Länge (ca. 120–200 g) nehmen.

Noch schonender für wilde Bestände ist es, für Gourmetgenüsse auf Zuchtaustern zurückzugreifen. In den Fischgeschäften aller Inseln und des Festlandes können Sie die Sylter Royal (Handelsname für die gezüchtete Felsenauster) das ganze Jahr über bekommen, entweder sofort, oder Sie bestellen einen Tag vorher.

In den Sommermonaten ist die Auster vollfleischiger und enthält etwa 50 % Laich; in den übrigen Monaten ist ausschließlich das festere Muskelfleisch vorhanden. Im Jahr 2001 z. B. kostete eine Auster auf den nordfriesischen Inseln im Handel umgerechnet EUR 1,25 bzw. 25 Stück etwa EUR 25,– (im Binnenland EUR 1,– bis EUR 1,50; in der Bretagne EUR –,50), im Restaurant EUR 1,75.

 ## Freizeit

Aus einer vollständigen Auster lässt sich ein sehr edel aussehendes Weihnachtsgeschenk herstellen, wenn man die Oberschale mit Goldfarbe anmalt und lackiert. Mit einer Schnur (rotes Band oder Sisalschnur, ungefärbt) wie ein Paket zugebunden, stellt sie außerdem eine ungewöhnliche und auffallende „Verpackung" dar.

Miesmuscheln oder Heersene

Die Miesmuschel ist ein in ganz Europa begehrtes Nahrungsmittel. Aufgrund ihres schnellen Wachstums avancierte sie an der Nordseeküste schnell vom Genussmittel zum Wirtschaftsfaktor.

Wesentlich wichtiger für das Wattenmeer ist jedoch ihre enorme Filtrierleistung. Vor allem die Wildmuschelbänke sorgen für die Sauberkeit des Wassers. Und Hunderttausende von Wat- und Wasservögeln, von Fischen und Krebsen leben von Miesmuscheln. Es ist ein sensibles Ökosystem, das leicht gestört werden kann.

Kleinere Störungen machen sich bemerkbar, wenn Eiderenten plötzlich sterben. Sie sind mächtige Verzehrer von Miesmuscheln, die sie ganz schlucken; anschließend überlassen sie

Junge Miesmuschel. Wattenmeer, Nordsee, Ostsee, Ärmelkanal, Atlantik, Mittelmeer

23

ihrem kräftigen Muskelmagen die Arbeit des Aufknackens und Verdauens. Die Miesmuschel, die dankenswerterweise den von Menschenhand im Meer deponierten Müll, vor allem organische Gifte und Schwermetalle speichert, gibt dieses Gift an die Eiderente ab, wo es sich vor allem im Fettgewebe ablagert.

Das Fett wird von der Eiderente vor allem als Reserve benötigt, wenn sie brütet und kaum auf Nahrungssuche gehen kann. Langsam wird das Fett aufgebraucht, die Gifte werden in den Blutkreislauf aufgenommen. Ab und zu geschieht es daher, dass eine Eiderente auf ihren Eiern stirbt: an akuter Vergiftung. Dies aber sind eher Ausnahmefälle, die allerdings zu Recht ihren Niederschlag in Zeitungsberichten finden.

Weitgehend unbemerkt bleiben hingegen die Probleme, die durch die High-Tech-Fischerei auf Kultur-Muschelbänken entstehen. Von den wilden Miesmuschelbänken wird die Muschelsaat mit eisernem Fanggeschirr, den Dredgen, eingesammelt und auf künstlichen Bänken mit hoher Miesmuscheldichte von den Fischern betreut. Die wachsenden Muscheln werden regelmäßig an Deck geholt und gesäubert, die Strandkrabben und Seesterne, die sich von Miesmuscheln ernähren, vernichtet.

Diese Zuchtmiesmuscheln wachsen also in einer Art Monokultur heran. Im Gegensatz zu den natürlich wachsenden Miesmuschelbänken ist ihre Sauerstoff- und Filtrierbilanz negativ: Beim Abfischen der Bänke werden bereits deponierte Schadstoffe freigesetzt.

Darüber hinaus fördert diese industrielle Miesmuschelfischerei die Erosion des Wattenmeerbodens: Die natürlichen Wellenbrecher verschwinden, die Wattströme werden breiter, schneller und nähern sich den Wattsockeln.

Dennoch hat die Landesregierung von Schleswig-Holstein den Konzernen keinen Riegel vorgeschoben, als sie die Nationalparkgesetzgebung – sie erlaubt die traditionelle Fischerei –

missbrauchten, um hier ihren hoch industrialisierten Erwerbszweig zu etablieren. Wie üblich, war es das Arbeitsplatzargument, das herhalten musste, um die Zerstörung einer weiteren Nische der Natur zu erklären.

Dass es sich um holländische Konzerne handelte, die nach dem Zusammenbruch der eigenen niederländischen Miesmuschelbänke durch Überfischung nach Schleswig-Holstein auswichen, sei nur am Rande erwähnt, auch dass die Arbeitsplätze hauptsächlich in Holland entstanden, wo sich das Zentrum des europäischen Muschelmarktes befindet. Wenn Sie in Deutschland Miesmuscheln kaufen, könnte es sein, dass es sich um nordfriesische handelt, die in Holland gesäubert und veredelt wurden.

Übrigens klagen die Muschelfischer gelegentlich über die Konkurrenz durch die Eiderenten. Es wurde jedoch nie nachgewiesen, dass die Tiere die Muschelbänke nennenswert schädigen, während andererseits die Überfischung zu einer Reduktion des Eiderentenbestandes führt.

So viel zu den Problemen, die im Zusammenhang mit der Miesmuschelfischerei entstehen. Gäste an der Nordseeküste sollten natürlich vor allem die angenehmen Seiten der Blaumuscheln oder Heersene, wie sie auf friesisch heißen, kennen lernen. Mit anderen Worten, sie essen.

Essbare Miesmuschel

Steckbrief

Aussehen: Die Schalenklappen sind gleichklappig und kräftig, vorn zugespitzt, hinten rund.
Länge: bis 10 cm in der Nordsee, in der Ostsee kleiner
Farbe: schwarz – braun – blau; junge Muscheln außen bräunlich gezeichnet. Innen weißlich-gelb mit grauem Rand.

*Ausgewachsene
Miesmuschel*

26

Lebensraum: auf der Oberfläche von Sand- und Hartböden, auf Steinen, Pfählen, Molen, Buhnen, Muschelbänken, auch in trockenfallenden Bereichen.

Liebhaber von Miesmuscheln: Silbermöwen, Austernfischer, Gourmets

Meeresgebiete: Wattenmeer, Nordsee, Ostsee, Ärmelkanal, Atlantik, Mittelmeer (die lange Zeit als selbständige Art angesehene Mittelmeermiesmuschel Mytilus galloprovincialis ist wahrscheinlich keine eigene Art).

Lebensweise: Miesmuscheln leben mit so genannten Byssusfäden (s. u.) angeheftet aneinander oder am Untergrund. Sie können diese mit Hilfe ihres Fußes selber abschneiden und sich so befreien, z. B. im Sommer bei großer Wärme der oberen Wasserschichten, wonach sie sich nach unten sinken lassen.

Systematik

Art:	Mytilus edulis (Essbare Miesmuschel, Blue mussel)
Gattung:	Mytilus
Familie:	Mytilidae (Miesmuscheln, Mussels)
Überfamilie:	Mytiloidea (Miesmuscheln)

Suchen und Finden

Schalen: massenhaft im Angespül.

Lebende Miesmuscheln: Wir, die wir uns nicht ausschließlich von Miesmuscheln ernähren, laufen natürlich nicht Gefahr, uns wie Eiderenten zu vergiften. Im Gegenteil, man sollte sich bei einem Aufenthalt an der Nordsee, z. B. im Wattenmeer, auf keinen Fall eine Miesmuschelmahlzeit entgehen lassen.

Sie sind einfach zu finden, man kann bei Beachtung einiger Regeln nichts falsch machen, und die Zubereitung ist nicht schwierig. Nur Mut also.

Miesmuscheln leben in unmittelbarer Nähe des Strandes an Steinen von Buhnen und Steindeichen; bei Niedrigwasser werden sie auch in Form von Muschelkolonien oder -bänken sichtbar. Sofern keine Abwasserkanäle oder undefinierbaren Ausflüsse in der Nähe münden, kann man sich hier seine Mahlzeit holen. Meiden Sie jedoch die Nähe von Häfen.

Nehmen Sie nur geschlossene Muscheln; wenn sie im trockengefallenen Zustand offen sind, sind sie bereits tot. Exemplare ohne Seepockenbewuchs sparen bei der späteren Zubereitung Arbeit. Schonen Sie bitte die kleinen Muscheln unter 6 cm; sie sollten noch wachsen dürfen. Mit drei Jahren ist die Miesmuschel ausgewachsen, sie kann bis zu 10 Jahre erreichen.

Wer Miesmuscheln sammelt, wird feststellen, dass sie mit Hilfe ausgesprochen reißfester Fäden an anderen Muscheln bzw. Steinen befestigt sind. Diese Byssusfäden werden von einer Eiweiß ausscheidenden Drüse produziert. Byssusfäden anderer Muschelarten werden (in anderen Ländern) zur so genannten Byssusseide gesponnen und z. B. zu Handschuhen verarbeitet. Wer seine Miesmuscheln lieber kaufen als ernten möchte, bekommt sie das ganze Jahr über (in den Sommermonaten allerdings tiefgefroren). Im Dezember 1999 kostete 1 kg Muscheln umgerechnet EUR 3,–. Während eine Eiderente pro Tag etwa 2 kg Miesmuscheln benötigt, rechnet man pro Person für eine Mahlzeit 1 kg.

Gelegentlich wird von Erkrankungen nach Muschelessen berichtet, die als Folge der Massenentwicklung einer von den Muscheln eingestrudelten Gift bildenden Planktonart hervorgerufen wurden. Dies sind seltene Ausnahmefälle, die hier nur am Rand erwähnt werden sollen.

Freizeit

Manchmal hat sich die innere Perlmuttschicht von der blauen Schale getrennt. Fingerfertige Menschen bohren Löcher durch die schillernden Schalen und verarbeiten sie zu Halsketten.

Die innen silbergrau-weißen Schalen bilden einen sehr stimmungsvollen Hintergrund für kleine Aquarelle.

Bei einigem Glück kann man übrigens in den Miesmuscheln Perlen finden, die sich um Verunreinigungen herum gebildet haben. Die Perlen sind sehr klein, aber gar nicht so selten.

Traditionelle Zubereitungen auf den Halligen

Rohe Miesmuscheln
Geräucherte Miesmuscheln
Gebratene Miesmuscheln
Miesmuschelfrikadellen
Muscheln in Gelee

● *Rohe Miesmuscheln* (Inke Johannsen)
Schale öffnen; Muschelfleisch salzen, pfeffern, nach Geschmack mit Zitrone beträufeln.

● *Geräucherte Miesmuscheln* (Inke Johannsen)
Aus den Schalen gelöste gekochte Miesmuscheln auf ein Bratsieb legen. In einem Räucherofen räuchern, bis sie goldbraun sind; sofort essen oder in Öl einlegen.

● *Gebratene Muscheln* (Helga Praeger)
Fetten geräucherten Speck in Würfel schneiden und ausbraten. Die gekochten, gewaschenen, abgetropften Muscheln sowie eine gewürfelte Zwiebel dazugeben. Etwas Mehl darüber streuen. Nach Belieben einen Schuss Sahne darüber gießen. Mit Pfeffer und Salz abschmecken. Gestovte Kartoffeln und geriebene Karotten eignen sich gut als Beilage.

● *Gebratene Muscheln* (Inke Johannsen)
Ausgelöste Muscheln in ein Sieb geben und unter Schütteln mit Mehl überpudern. Butter in einer Pfanne zerlassen, fein geschnittene Zwiebeln, durchgedrückten Knoblauch und Muschelfleisch hineingeben und braten.

● *Miesmuschelfrikadellen* (Inke Johannsen)
gekochte Miesmuscheln
gekochte Kartoffeln
Zwiebel
etwas fetter Speck
Eier
Mehl
Muscheln, Kartoffeln, Zwiebel und Speck durch den Fleischwolf drehen. Die Eier untermischen, falls erforderlich, mit etwas Mehl binden. Mit einem Esslöffel Häufchen abstechen und in Margarine braten.

● *Muscheln in Gelee* (Heinke Andresen)
250 g Muschelfleisch
6 Blatt Gelatine
2 Tassen Wasser
1 Tasse Weinessig
1 gehäufter EL Zucker
1 Lorbeerblatt
2 Nelken
Pfefferkörner

30

Gelatine in kaltem Wasser einweichen. Wasser, Essig und Zucker mit den Gewürzen aufkochen. Vom Herd nehmen, Gelatine in die Flüssigkeit geben und heiß über das Muschelfleisch gießen. Abkühlen lassen.

● *Muscheln in Gelee* (Helga Praeger)
3 kg Miesmuscheln kochen, ausbrechen und spülen, abtropfen lassen.
$^1/_3$ l Essig, 1 Prise Salz
$^1/_4$ l Wasser, 2 gehäufte EL Zucker
1 Zwiebel in Ringen, 2 Lorbeerblätter, Pfefferkörner
6 Blatt Gelatine, man kann 5 weiße nehmen und eine rote, dann sieht es appetitlicher aus.

*Weiße
Bohrmuschel.
Wattenmeer,
Nordsee,
westliche
Ostsee,
Atlantik bis
Westafrika,
Ärmelkanal,
Mittelmeer,
Schwarzes
Meer*

Die Bohrer: weiß, kraus oder amerikanisch

Es gibt an den deutschen Küsten mehrere Arten von bohrenden Muscheln, von denen wir die vorwiegend in weichen Böden bohrenden Arten beschreiben: die Weiße Bohrmuschel
und die Krause Bohrmuschel – beide echte Bohrmuscheln –, sowie die Amerikanische Bohrmuschel, die aufgrund ähnlicher
Lebensweise ein ähnliches Äußeres erworben hat, aber nicht
zu der nahen Verwandtschaft der anderen beiden, sondern zu
den Venusmuscheln gehört. Echte Verwandte der Bohrmuscheln sind auch die Schiffsbohrwürmer, die im Gegensatz zu
ihrem Namen keine Würmer, sondern Muscheln sind.
Eines haben die drei Arten gemeinsam: das Einbohren der
Schalen in ein Substrat, das der Muschel Schutz vor Feinden
gibt, Torf, Mergel, Ton, Holz oder Kreide.

Weiße Bohrmuschel

Steckbrief

Aussehen: Dünnwandige, längliche Schalen, leicht zerbrechlich. Der Schalenrand ist am Wirbel wie ein Hutrand nach
außen umgeschlagen. An beiden Schalen steht ein deutlich
sichtbarer löffelartiger Fortsatz hervor, die Apophyse. Es gibt
weder ein Schloss, noch ein Band (Ligament).
Außen ist die Muschel radiär und konzentrisch gerippt; an den
Kreuzungen ergibt sich ein Gittermuster. Das schmalere Ende
ist im Gegensatz zur Amerikanischen Bohrmuschel nicht glatt.
Sofern man beide Schalen findet (seltener), klaffen sie an beiden Enden weit auseinander.
Länge: bis 6 cm
Farbe: weiß-gelblich

Lebensraum: in Holz, Torf, Kleiboden, Kreide, Sand; in 3–27 m Wassertiefe
Meeresgebiete: Wattenmeer, Nordsee, westliche Ostsee, Atlantik bis Westafrika, Ärmelkanal, Mittelmeer, Schwarzes Meer

Lebensweise: in Kolonien von vielen Individuen

Systematik
Art: Barnea candida (Weiße Bohrmuschel)
Gattung: Barnea
Familie: Pholadidae (Bohrmuscheln,
              Echte Engelsflügel, Angel Wings)
Überfamilie: Pholadoidea (Bohrmuscheln)

 ## Geschichte

Die weiße Bohrmuschel ist im Wattenmeer möglicherweise an manchen Stellen von der Amerikanischen Bohrmuschel verdrängt worden.

 ## Suchen und Finden

Schalen: Sie sind im Angespül recht selten zu finden, am ehesten nach Stürmen, dann darf man aber gleich mehrere erwarten. Aufgrund ihrer Zerbrechlichkeit sind die Schalen häufig beschädigt.
Das untrüglichste, grobe Unterscheidungsmerkmal von der Amerikanischen Bohrmuschel ist das Fehlen des kräftigen schwarzen Ligamentes; andererseits ist trotz der Zerbrechlichkeit der Schale die Apophyse häufig gut erhalten, da sie nach innen gerichtet und daher geschützt ist.

34

Im Wattenmeer werden an der Nordseite der Hallig Langeness gelegentlich einzelne Schalen angeschwemmt; häufiger gibt es sie in Bausänden, die den Sandbänken entnommen werden.

Lebende Bohrmuscheln: Gelegentlich in angeschwemmtem Holz.

Krause Bohrmuschel

Steckbrief

Aussehen: kräftige, lange und recht hohe Schalen. Der glatte Vorderrand ist wie ein Hutrand nach außen umgeschlagen, jedoch noch auffälliger als bei der Weißen Bohrmuschel. Im vorderen Teil der Muschel ist die Schale konzentrisch und radiär gerippt, was ihr ein krauses Aussehen verleiht; hinten ist sie glatter. Der vordere Fußrand ist gezähnt. Eine Furche vom Wirbel zum unteren Rand teilt die Schale optisch in zwei Hälften. Beide Schalen tragen statt eines ineinander greifenden Schlosses zwei löffelartige Fortsätze (Apophyse). Sie klaffen weit an beiden Enden.
Länge: bis 8 cm
Farbe: weiß – grau – bräunliches Periostrakum

Lebensraum: Holz, Torf, Ton, Kreide, Sandstein in 2–16 m Wassertiefe, Mergel (vor allem Ostsee)
Meeresgebiete: im Kaltwasser der nördlichen Halbkugel (Wattenmeer, Nordsee, westliche Ostsee, im Ostatlantik von Nordnorwegen bis Nordfrankreich, im West-Atlantik von Labrador bis New Jersey)

Lebensweise: Die Muschel raspelt sich mit dem vorderen Teil die Löcher, in denen sie lebt; das hintere Ende weist zur Öff-

Krause Bohrmuschel. Wattenmeer, Nordsee, westliche Ostsee, im Ostatlantik von Norwegen bis Nordfrankreich, im Westatlantik von Labrador bis New Jersey

36

nung des Bohrloches. Die Muscheln leben einzeln, nicht in Kolonien wie die Weiße Bohrmuschel.

Systematik

Art: Zirfaea crispata (Krause Bohrmuschel)
Gattung: Zirfaea
Familie: Pholadidae (Bohrmuscheln,
                Echte Engelsflügel, Angel Wings)
Überfamilie: Pholadoidea (Bohrmuscheln)

Suchen und Finden

Schalen: recht selten, gelegentlich im Sandwatt im Bereich der Halligen oder an der Westseite von Sylt; mit etwas Glück kann man in „Bausand", der von Sandbänken stammt, heile Schalen, mitunter sehr kleine ganze Muscheln (2 cm), häufiger allerdings Teile davon, finden.

Lebende Muscheln: im niederländischen Watt kommen sie, in Holz eingebohrt, oft vor. Es empfiehlt sich auch bei uns, in großen Bohrlöchern in angeschwemmtem Holz nachzuschauen.

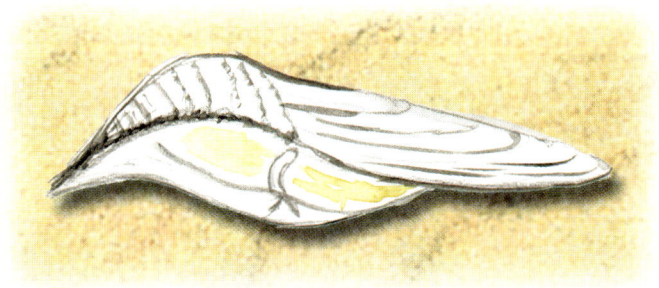

*Krause
Bohrmuschel
von der Seite*

Amerikanische Bohrmuschel. Wattenmeer, Nordsee, westliche Ostsee, Ärmelkanal, Atlantik, Mittelmeer, Schwarzes Meer

38

Amerikanische Bohrmuschel

Steckbrief

Aussehen: Im Unterschied zu den echten Bohrmuscheln sind beide Schalenklappen durch ein kräftiges äußeres schwarzes Band (Ligament) verbunden. Der Schalenrand ist nicht nach außen umgeschlagen.

Die Oberfläche ist am vorderen (runden) Ende radiär gerippt, z. T. sogar raspelartig gestaltet. Zum hinteren Ende hin schmaler und fast glatt werdend; der Rand ist häufig wellenförmig eingezogen.

Kleines, aber deutlich erkennbares Schloss: in der linken Klappe drei, in der rechten zwei Zähne. Weniger klaffend als die echten Bohrmuscheln.

Länge: bis 8 cm

Farbe: weiß – gelblich, Periostrakum bräunlich

Lebensraum: Kleiboden, Torf, Ton, Kreide in 0–10 m Wassertiefe

Meeresgebiete: Wattenmeer, Nordsee, westliche Ostsee, Ärmelkanal, Atlantik, Mittelmeer, Schwarzes Meer

Feinde: Taschenkrebse – sie knacken das Hinterende der Bohrmuschel, wenn diese sich nicht tief genug eingebohrt hat und herausschaut.

Systematik

Art: Petricola pholadiformis (Amerikanische Bohrmuschel, American Piccock)

Gattung: Petricola

Familie: Petricolidae (Bohrmuscheln, Engelsflügel, False Angel Wings)

Überfamilie: Veneroidea (Venusmuscheln)

Geschichte

Die amerikanische Bohrmuschel wurde 1890 aus den USA zusammen mit Austern nach England verschleppt und hat sich von dort aus kontinuierlich an den europäischen Küsten ausgebreitet. Im Wattenmeer hat sie wahrscheinlich die einheimische weiße Bohrmuschel weitgehend verdrängt, denn sie bevorzugt die gleichen Siedlungsgründe.

 ## Suchen und Finden

Schalen: an der Nordsee häufig im Angespül zu finden, vor allem in der Nähe trockenfallender Torfgebiete des Watts (z. B. Südufer von Langeness).

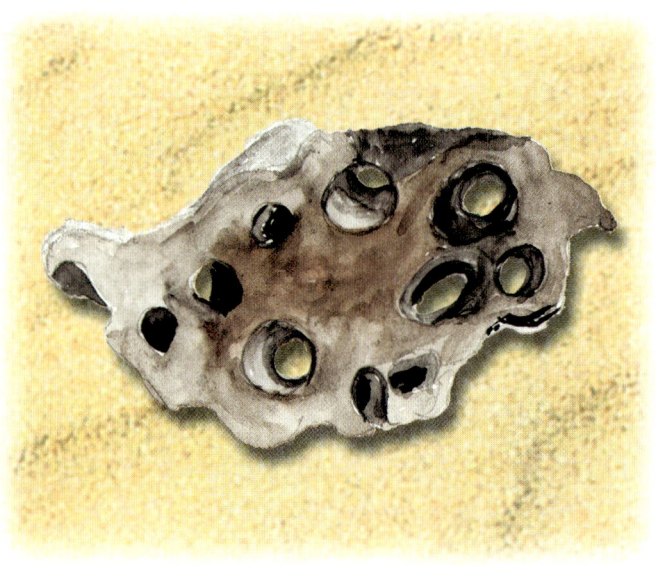

Torfbrocken mit Bohrlöchern der Amerikanischen Bohrmuschel

Lebende Bohrmuscheln: Lassen sich gelegentlich nach Stürmen am Strand finden. Die Muscheln gelten in den USA und im Mittelmeergebiet als delikat; im Wattenmeer sind sie als Speise unbekannt geblieben, ebenso wie die echten Bohrmuschelarten.

Freizeit

Häufig werden auch Torf/Holzbrocken an den Strand geschwemmt, die durchsetzt sind mit kreisrunden Gängen: die aufgegebenen Wohnungen von Amerikanischen Bohrmuscheln.

Leider wird dieser Torf sehr leicht brüchig, wenn man ihn zu trocknen versucht, um ihn zusammen mit den Muscheln aufzuheben. Jedoch kann man ihn mit Hilfe eines Rezeptes aus der Schiffsarchäologie konservieren: Man löse Rohrzucker in kochendem Wasser auf, bis eine ziemlich dickflüssige Lösung entsteht. Darin lege man den Torf etwa 14 Tage ein. Sollte er nach dem Herausnehmen und Trocknen noch klebrig sein, wäscht man ihn mit klarem Wasser ab und trocknet ihn erneut. Das Ergebnis ist ein steinhartes Musterexemplar von Torf mit Bohrmuschel-Bohrgängen.

Herzmuscheln für Austernfischer und andere Liebhaber

An den deutschen Küsten kommen mehrere Arten von Herzmuscheln vor, am häufigsten – gewissermaßen als Inbegriff der Herzmuschel – ist die Essbare Herzmuschel, Hartmuschel auf Platt, die in großen Beständen im flachen Wasser lebt.

Früher wurde diese Muschelart in Deutschland gewerbsmäßig gefischt, jedoch wurde der Fang aus Gründen des Naturschutzes eingestellt. Umso seltsamer ist es, dass der Herzmuschelfang ausgerechnet durch die rot-grüne Landesregierung von Schleswig-Holstein wieder freigegeben wurde. Beim Herzmuschelfischen werden die Muscheln mit Saugrohren aus dem Boden gespült, was zweifellos Schäden am Untergrund hinterlässt. Die Fänge dieser holländischen Spezialschiffe gehen direkt in die Niederlande.

In Ländern wie Spanien, Frankreich, den Niederlanden, Portugal und Italien werden Herzmuscheln in großen Mengen gefischt und frisch verkauft oder zu Konservenware verarbeitet. Während lebende Herzmuscheln bei uns nur selten angeboten werden, sind die importierten, verarbeiteten natürlich erhältlich. Aber was sind schon Dosenmuscheln gegen frische, die man selbst gesucht hat!

Eine Delikatesse stellen Herzmuscheln natürlich nicht nur für menschliche Gourmets dar. Austernfischer, Silbermöwen und Knutts, Schollen, Garnelen, Strandkrabben und Wellhornschnecken ernähren sich von Herzmuscheln.

Auf diese vielen Feinde reagieren die Herzmuscheln mit einer enormen Menge von Muschelbrut. Wer je eine Kolonie von Herzmuscheln entdeckt hat, wird es selbst feststellen. Normalerweise schaffen sie es, drei Jahre alt zu werden, bei viel Glück können sie bis zu neun Jahre alt werden.

Essbare Herzmuschel

Steckbrief

Aussehen: Die Schale ist dick und kräftig; sie enthält ca. 25 Rippen, die z. T. beschuppt sind. Deutlich erkennbar sind Wachstumsringe (1 Ring pro Jahr). Der vordere Schalenrand ist rund, der hintere abgeschrägt. Die Innenseite ist glatt, nur der untere Rand wirkt gezähnt.

Länge: bis 5 cm

Farbe: gelbbraun – hell- oder dunkelbraun; gebändert. Junge Muscheln sind lebhafter gefärbt. Innen: weiß; der hintere Muskeleindruck bzw. auch der Muschelrand sind braun.

Essbare Herzmuschel. Wattenmeer, Nordsee, westliche Ostsee, Atlantik

Essbare
Herzmuscheln

44

Lebensraum: Sandböden; ca. 1–4 cm tief im Boden bis zu 10 m Wassertiefe.

Meeresgebiete: Wattenmeer, Nordsee, westliche Ostsee, Atlantik

Liebhaber von Herzmuscheln: Seesterne, Wellhornschnecken, Strandkrabben, Silbermöwen, Austernfischer, Tauchenten, seltener die Küstenbewohner.

Lebensweise: Herzmuscheln sind an manchen Stellen die am meisten vorkommende Muschelart. Da sie sehr flach unter der Oberfläche leben, werden sie leicht freigespült. Sie können sich wieder eingraben – mit ruckartigen, schaukelnden Bewegungen, jedoch dauert dies einige Minuten, und es kann sein, dass eine Möwe schneller ist. Da hilft auch kein Springen mehr, wozu die Herzmuschel dank ihres Fußes in der Lage ist. Einem raubgierigen Seestern kann sie auf diese Weise entkommen, aber wiederum nicht der Verschüttung durch Sand: Da gibt es kein Gegenmittel, da sind die Muscheln verloren, sie ersticken. Die Herzmuscheln leben in etwa 1–4 cm Tiefe im Sand, im Sandwatt und können auch über Torf leben, sofern sich darauf eine Schicht von einigen Zentimetern Sand angehäuft hat. Verhält man sich still, kann man sie knistern hören: Gasbläschen, die in ihrem Schnorchel (Siphon) zerplatzen. Zuweilen werfen sie in einer kleinen Fontäne unverdauliche Bestandteile ihrer Nahrung aus.

Systematik

Art:	Cerastoderma edule (Essbare Herzmuschel, Common Cockle)
Gattung:	Cerastoderma
Familie:	Cardiidae (Herzmuscheln, Cockles)
Überfamilie:	Cardioidea (Herzmuscheln)

Suchen und Finden

Schalen: gibt es massenhaft im Angespül. Die so häufigen weißen Schalen am Ufer sind ausgebleicht. Wenn man genau hinsieht, findet man sehr unterschiedliche, aber definierte Farbmuster, wie auf den Zeichnungen zu erkennen ist. Bunt gefärbt sind meistens die ganz kleinen Herzmuscheln.

Manchmal sieht man an der hinteren – der abgeflachten – Seite von zwei zusammenhängenden Herzmuschelschalen deutlich ein unregelmäßiges Loch. Eine solche Muschel starb als Beute eines Austernfischers, der sie an dieser Stelle mit dem Schnabel aufschlug. Auch Eiderenten und Brandenten schätzen Herzmuscheln.

Werden die Muscheln Opfer einer Möwe, kann man sie in den Speiballen an Land finden oder als Muschelgrus im Kot. Manchmal entdeckt man im Gras eine Hand voll besonders kleiner, noch geschlossener Herzmuscheln: das Hochzeitsgeschenk eines Möwenmannes an seine Angebetete.

Lebende Herzmuscheln: Gute Indikatoren für Herzmuschelfelder sind die Austernfischer, die bei abgelaufenem Wasser in Scharen auf Herzmuscheljagd gehen. Außerdem kann man die Herzmuschelfelder von weitem an Ansammlungen von geschlossenen Muscheln, leeren Schalen, Miesmuscheln und einzelnen Tangbüscheln erkennen.

Wühlt man die Bodenoberfläche auf der Suche nach lebenden Herzmuscheln mit der kleinen Handschaufel um, wird man einer dichten Packung von lebenden und abgestorbenen Individuen sowie Schalenhälften begegnen. Nicht immer gelingt es auf Anhieb, tote, noch geschlossene Muscheln von lebenden zu unterscheiden, jedoch ist dies nicht weiter schlimm – in der Regel öffnen sie sich später beim Waschen. Übrigens entwickelt man bald eine Art Instinkt für die lebenden, die hauptsächlich am schwärzlichen Periostrakum zu erkennen sind.

Eine Zweipersonenmahlzeit erfordert etwa 1 kg Muscheln (ca. 150 Stück). Ein Austernfischer benötigt am Tag etwa 300 Stück (ca. 2 kg). Lernen sollten wir von den Austernfischern, auf einem Herzmuschelfeld keinen Kahlschlag zu betreiben. Lieber etwas wandern und hier und da sammeln …

Herzmuscheln lassen sich hervorragend mit Spaghetti kombinieren – die deutsche Variante des berühmten italienischen Gerichts „spaghetti alle vongole".

Freizeit

Herzmuschelrennen: Im weichen Wattboden können Kinder selbst die Erfahrung machen, wie sich Vögel eine Muschelmahlzeit erarbeiten: mit einer Trampelwanne.

Das geht folgendermaßen: Man lässt die Kinder auf der Stelle barfuß im Watt trampeln. Es entsteht eine Trampelwanne, ähnlich wie Silbermöwen sie auf der Jagd nach Herzmuscheln treten, oder auch Brandenten und Lachmöwen, um Würmer freizuschwemmen. Beim Trampeln durch die Kinder kommen die geschlossenen (lebenden) Herzmuscheln zum Vorschein.

Man legt die Muscheln auf den Sand und wartet. Nach kurzer Zeit öffnen die Muscheln vorsichtig ihre Schalen, schieben ihren Fuß heraus, der dem Beobachter allerdings meistens verborgen bleibt, schaukeln hin- und her und tauchen allmählich in den Sand ein, um irgendwann ganz zu verschwinden.

Gewonnen hat, wessen Muschel zuerst verschwunden ist. Eltern können das Rennen mit einer Wette oder mit Pfänderabgabe verbinden.

Leere, saubere Herzmuschelschalen können übrigens ausgezeichnet als Mischnäpfchen beim Malen mit Aquarellfarben verwendet werden.

Lagunen-
herzmuschel.
Ostsee,
Wattenmeer,
Nordsee

48

Lagunenherzmuschel

Steckbrief

Aussehen: Verglichen mit der Essbaren Herzmuschel ist diese eher schief-dreieckig, da der hintere Schalenrand weiter ausbuchtet, sonst aber ist sie ihr äußerlich ganz ähnlich, inclusive der Wachstumsstreifen.
Häufig verlaufen die Furchen auf der Innenseite im Gegensatz zur Essbaren Herzmuschel bis zum Wirbel, jedoch nicht immer. Es ist kein untrügliches Unterscheidungsmerkmal.
Länge: bis 5 cm
Farbe: hellbraun

Lebensraum: Sand, Schlamm, Brackwasser (in stillerem, weniger salzigem Wasser als die Essbare Herzmuschel). Erträgt das Absinken des Salzgehaltes bis auf 0,4 % (im Gegensatz zur Essbaren Herzmuschel, die 2 % bis 3,4 % benötigt).
Meeresgebiete: Ostsee (diese Art allein z. B. in der inneren Schlei, im Finnischen Meerbusen); gemeinsam mit der Essbaren Herzmuschel an manchen Stellen von Ostsee, Wattenmeer (Halligen) und Nordsee.

Systematik
Art: Cerastoderma lamarcki
                (Lagunenherzmuschel)
Gattung: Cerastoderma
Familie: Cardiidae (Herzmuscheln, Cockles)
Überfamilie: Cardioidea (Herzmuscheln)

Suchen und Finden

Schalen und lebende Muscheln: Entsprechend dem Lebensraum (s. oben). Wo beide Arten gemeinsam vorkommen, ist es nicht immer einfach, sie voneinander zu unterscheiden.

Stachelige Herzmuschel

Steckbrief

Aussehen: Die Schale ist kräftig, aber dünner als die der Essbaren Herzmuschel, bei weniger Rippen (ca. 18–21), und sehr bauchig. Der Vorderrand ist rund, der hintere Rand zuweilen abge-

Stachelige Herzmuschel. Nordsee, Atlantik, Mittelmeer

Stachelige Herzmuschel.

winkelt. Die Rippen sind ebenso breit wie die Zwischen-rippenräume. In der Mitte jeder Rippe befindet sich eine Leiste mit Stacheln, die vor allem am unteren Schalenrand auffallen. Der Unterrand wirkt gezackt; die Rippenstruktur ist auch auf der Innenseite der Schale sichtbar.

Farbe: gelblich – ockerfarben – braun

Länge: bis 8,0 cm

Lebensraum: im Sand dicht unter der Oberfläche, in 10–30 m Tiefe.

Meeresgebiete: Nordsee (bei Helgoland), Atlantik (von Grön-land bis Marokko, Kanaren), Mittelmeer.

51

Suchen und Finden

Schalen: Gelegentlich findet man die Stachelige Herzmuschel im Bereich des Wattenmeeres in Sand, der von Sandbänken gebaggert wurde. Im Spülsaum kommt sie nicht vor.
Die Stachelige Herzmuschel kann man von der Essbaren Herzmuschel am weiteren Abstand der Rippen unterscheiden sowie an den breiteren, eckig wirkenden Rippen, deren Stacheln manchmal noch vorhanden sind, zumindest einzelne an der unteren Kante. Der Grat ist nicht immer sichtbar, da er oft abgestoßen ist.

Lebende Stachelige Herzmuscheln: wird man nur in Ausnahmefällen zu Gesicht bekommen.

Traditionelle Zubereitung
auf den Halligen

• *Sauer eingelegte Herzmuscheln* (Marlene Boysen)

Herzmuscheln, gekocht und aus den Schalen gelöst

6 Blatt Gelatine

1 Tasse Essig
2 Tassen Wasser
2 gehäufte EL Zucker

2 Lorbeerblätter
2 Nelken
1 Zwiebel, in Würfeln
1 Zwiebel, in Ringen
Pfefferkörner

Essig, Wasser, Zucker, Zwiebeln und Gewürze aufkochen und
5 Minuten kochen lassen. Danach die Lorbeerblätter und die
Nelken entfernen. Die vorher in kaltem Wasser eingeweichte
Gelatine dazugeben und auflösen. Über das Muschelfleisch
geben und steif werden lassen.
Dazu Brot, Bratkartoffeln oder gekochte Kartoffeln essen.

Sandklaffmuscheln: Delikatesse der Halligen

„Wollt ihr Hackfleisch oder Pissers, Kinder?"
„Pissers!"

Das Zitat stammt von der Insel Nordstrand. Trotz ärmlicher Zeiten, in denen ganz gewiss Fleisch von Schwein und Rind nicht oft auf den Tisch kam, zogen die zitierten Kinder die Sandklaffmuscheln, hier „Pissers" genannt, zu Mittag vor. Die Sandklaffmuscheln gelten auf den Halligen und Inseln immer noch als Delikatesse, und mancher zieht sie den Austern vor.

*Sandklaff-
muschel*

54

Die Bezeichnung „Pisser" ist drastisch, aber anschaulich. Wenn man sich den Muscheln auf dem Wattboden nähert, ziehen diese ihre Siphone von der Oberfläche zurück: Um das Wasser, das in ihrer Mantelhöhle steckt, loszuwerden, spritzen sie es in einer Fontäne nach oben.

Im Wattenmeer leben zwei Arten von Klaffmuscheln, die Sandklaffmuschel oder Strandauster und die Abgestutzte Klaffmuschel. Zu dieser Gattung von Muscheln gehören noch vier weitere Arten, die alle in den kühlen nördlichen bzw. sogar arktischen Gewässern beheimatet sind.

Klaffmuscheln gab es schon im Erdaltertum in Westeuropa. In einer der Eiszeiten starben sie aus, blieben aber glücklicherweise in Nordamerika erhalten. Dort galten sie auch bei den Indianern als Delikatesse; nach Annahme von Wissenschaftlern brachten die Wikinger die Sandklaffmuscheln aus Amerika als Proviant nach Europa zurück. Seitdem sind sie hier also wieder heimisch.

Sandklaffmuscheln gab es in der Nordsee im Bereich der Halligen vor einigen Jahrzehnten noch in Massen; seitdem gingen die Bestände wieder zurück, aber die Ursachen sind unklar, im Gegensatz zu den USA.

Dort wird diese Muschelart kommerziell genutzt und wurde entsprechend durch die Muschelgräber beträchtlich dezimiert. Vor allem muss die Klaffmuschel in den USA für die Herstellung von Clam Chowder herhalten, einem Eintopfgericht aus Muscheln, Gemüse, Kartoffeln, Zwiebeln und Gewürzen, das offensichtlich aus einer Zeit stammt, in der man diese Muschelart als „Massenartikel" verwertet hat.

Sandklaff-
muschel.
Linke Klappe

56

Sandklaff-
muschel.
Rechte
Klappe

Pisser oder Strandauster

Steckbrief

Aussehen: Die kräftigen Schalen sind oval geformt, wobei das Vorderende rund, das Hinterende spitz zulaufend ist. Bei lebenden Sandklaffmuscheln weist das spitze Ende nach oben.
Die linke Klappe ist etwas kleiner und trägt am Wirbel einen löffelartigen Fortsatz, der in eine flache Höhlung in der gegenüberliegenden Schale greift.
Länge: bis 15 cm; größte einheimische Muschelart
Farbe: eierschalenweiß – gelblich, häufig durch Schlick entlang der konzentrischen Streifen dunkel verfärbt. Innen kreidigweiß.

Lebensraum: Sand, Schlick; ca. 30 cm tief eingegraben, an der Wattoberfläche an einem etwa erbsengroßen Loch (verursacht durch den Siphon) erkennbar.
Feinde: Strandkrabben, Seesterne, Schollen, Silbermöwen.
Meeresgebiete: Wattenmeer, Nordsee, Ostsee, Ärmelkanal, Atlantik, Ost- und Westküste USA.

Lebensweise: Die Larven der Sandklaffmuscheln schwimmen etwa zwei Wochen frei im Wasser umher, danach heften sie sich mit Byssusfäden an Sandkörnchen oder Pflanzen fest – manchmal findet man diese „Jungmuschelpakete" angeschwemmt am Ufer – und graben sich wenig später mit Hilfe ihres Fußes im Untergrund ein.
Solange sie noch sehr jung sind, können sie aufgrund ihrer kurzen Siphone nicht tiefer als 10 cm leben; mit 4 Jahren schaffen sie es bis in 20 cm Tiefe und erst mit sieben Jahren bis in 30 cm Tiefe, wo sie bis zu 19 Jahren alt werden können.
Der Fuß wird bei der älteren Sandklaffmuschel funktionslos: sie kann sich deshalb weder eingraben, wenn sie freigespült wurde, noch bei Verschüttung ausgraben. So führt sie ein ge-

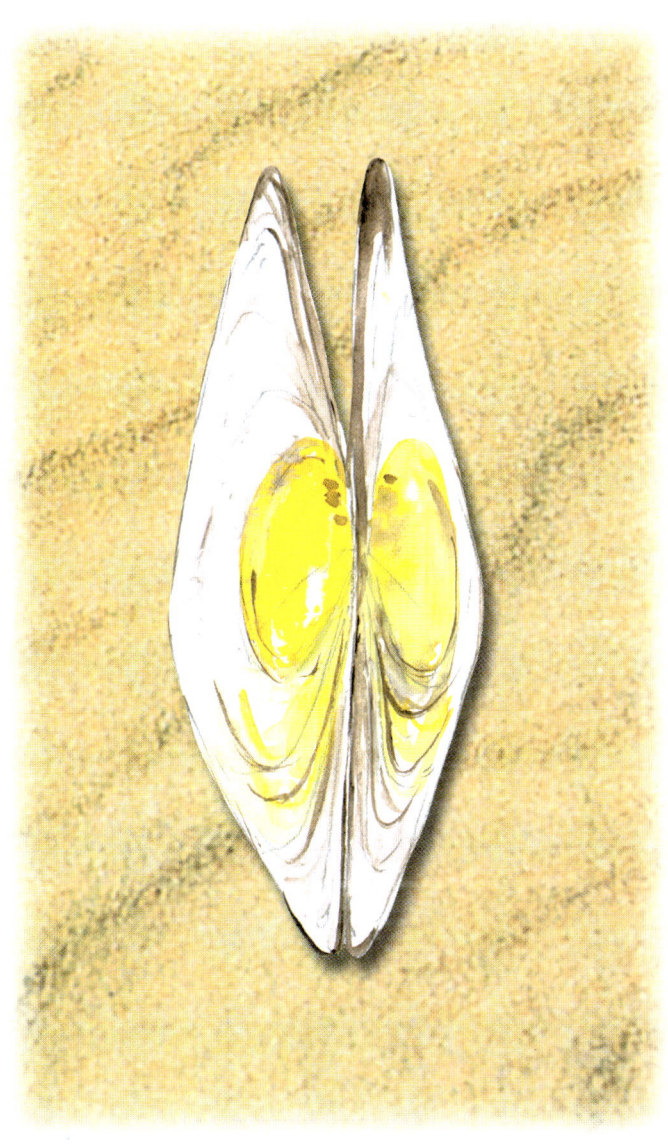

„Steckmuschel",
Sandklaff-
muschel

59

fährliches Leben, das vor allem sichtbar wird, wenn man einem Feld von „Steckmuscheln" begegnet: Schalen, die nach dem Tod der Muscheln an Ort und Stelle stecken geblieben sind und weit klaffen.

Systematik
Art: Mya arenaria (Strandauster)
Gattung: Mya
Familie: Myidae (Sandklaffmuscheln, Soft-Shell Clams)
Überfamilie: Myoidea (Klaffmuscheln)

 ## Geschichte

Diese Muscheln gab es früher im Nordseebereich in wahren Massen in den Halligprielen und im hallignahen Watt. Die Halligbewohner konnten zu dieser Zeit eben mal ihre Kinder losschicken, um einen halben Eimer Pissers in Hausnähe zu Mittag einzusammeln. Diese Zeiten sind vorbei. Man erkennt jetzt nur noch an den Steckmuscheln, wie dicht die Tiere zusammenlebten.

 ## Suchen und Finden

Schalen: im Angespül häufig, von kleinsten bis zu größten Schalen. Helle, besonders große, dekorative Schalen liegen häufig auf den Sandbänken im Wattenmeer; hier können insbesondere die Sände westlich des Langenesser Leuchtturms empfohlen werden. Steckmuscheln sind meistens durch den Schlick, in dem sie stecken, mehr oder weniger schwarz verfärbt.
An der Ostsee sind die Strandaustern im Allgemeinen kleiner als an der Nordsee.

Lebende Pissers: Sandklaffmuschelkolonien kann man nur noch bei Wattwanderungen durch Zufall begegnen. Alles in allem sind deshalb die Aussichten schlecht, Sandklaffmuscheln zum Verzehr zu bekommen, und es muss ja auch nicht sein …

Freizeit

Die Schalen sind aufgrund ihrer Größe hervorragend als „Tischkarten" geeignet. Die kreidige Innenfläche lässt sich mit allen Stiften gut beschriften oder bemalen.

Abgestutzte Klaffmuschel

Steckbrief

Aussehen: Die abgestutzte Klaffmuschel ist der Sandklaffmuschel sehr ähnlich, jedoch ist das hintere Ende rechtwinklig abgestutzt, statt spitz, wobei die Wachstumslinien beinahe einem rechten Winkel folgen. Beide Schalen klaffen weit auseinander.
Länge: bis 7 cm
Farbe: weißlich – gelblich, Periostrakum bräunlich, Anwachsstreifen oft dunkel verfärbt

Lebensraum: Sand- und Schlickböden bis in 70 m Tiefe
Meeresgebiete: Wattenmeer, Nordsee, westliche Ostsee, Ärmelkanal, Atlantik, Nordpazifik

*Abgestutzte
Klaffmuschel.
Wattenmeer,
Nordsee,
westliche
Ostsee
Ärmelkanal,
Atlantik,
Nordpazifik*

Systematik
Art: Mya truncata (Abgestutzte Klaffmuschel)
Gattung: Mya
Familie: Myidae (Sandklaffmuscheln, Soft-Shell Clams)
Überfamilie: Myoidea (Klaffmuscheln)

Suchen und Finden

Schalen: im Angespül recht selten. Gelegentlich findet man sie als Steckmuscheln in Hallignähe, was beweist, dass sie dort früher gelebt haben. Das abgestutzte Ende schaut aus dem Schlick.

Öfter kann man schöne Exemplare jeder Größe im Sand von Sandbänken der Nordsee auflesen, z. B. im Sand, der zwischen Langeness und Föhr sowie Föhr und Amrum gebaggert wird.

Lebende Muscheln: Es besteht kaum eine Chance, welche zu finden. In der Ostsee liegt der Lebensraum dieser Art mit 10–29 m zu tief; im Wattenmeer hat sie sich aus dem trockenfallenden Bereich zurückgezogen. Allerdings ist sie im Wattenmeer offensichtlich keineswegs ausgestorben, wie gelegentlich vermutet wird. Zu häufig tauchen in Sänden von Sandbänken die Schalen auch ganz junger Individuen (ca. 2 cm) mit noch anhängender brauner Oberhaut (Periostrakum) auf.

Vermutlich kamen die Abgestutzten Klaffmuscheln auf den Halligen früher ebenso in den Kochtopf wie die Pissers, ohne dass zwischen den Arten unterschieden wurde. Auf Grönland und den Färöern werden sie jetzt noch gegessen.

Traditionelle Zubereitungen
auf den Halligen

Gebratene Pissers
Pisserbodder („Pisserbutter")

● *Gebratene Pissers* (Martha Paulsen)
Die lebenden Muscheln mit kochendem Wasser übergießen. Dadurch quellen sie auf, und die Schalen öffnen sich. Das Fleisch mit einem Messer auslösen, den harten Siphon abschneiden. Die Muscheln salzen und pfeffern, in Ei und Mehl wenden und braten. Dazu Brot essen. Man rechnet mit 5 Muscheln pro Person.

● *Pisserbodder* (Brotaufstrich) (Marius Hansen, notiert von Boy-Peter Andresen)
Gekochte Pissers, gekochte Kartoffeln, Zwiebeln und wenig Butter durch den Fleischwolf drehen. Mit Salz und Pfeffer würzen.
Dies ist ein sehr altes Rezept. Butter war in früheren Zeiten auf der Hallig knapp und wurde mit anderen Zutaten „gestreckt", wenn sie als Brotaufstrich dienen sollte.

Leckerbissen für Picker, Stocherer, Trampler und Beißer

Picken, Stochern und Trampeln sind clevere Techniken von Knutts, Austernfischern und Brandenten, um der eleganten, schönen Plattmuscheln habhaft zu werden. Dagegen beißen die Jungschollen den Plattmuscheln die Siphone einfach und schnörkellos ab.

In Deutschland dürften die Plattmuscheln als Nahrungsmittel nie eine Bedeutung gehabt haben – obwohl diese selbstverständlich essbar sind –, z. B. kommen im Mittelmeer die Koffermuscheln auf den Tisch – dafür sind sie kleine Schönheiten, die zu betrachten sich lohnt.

Elegante Pfeffermuscheln

Es gibt in deutschen Gewässern mehrere Arten von Pfeffermuscheln, vier in der Nordsee, davon nur zwei in der Ostsee. Die größte ist die Große Pfeffermuschel – besonders im nordfriesischen Wattenmeer findet man schöne Exemplare –, für die anderen Arten benötigt man zur Bestimmung eine Lupe.

Große Pfeffermuschel

Steckbrief

Aussehen: Klappen rundlich oval, zerbrechlich, sehr flach, außen konzentrisch gestreift. Kleines äußeres Ligament.
Länge: 5–6 cm
Farbe: matt braun – gelb – grau; innen glänzend weiß oder graublau

*Große
Pfeffermuschel.
Wattenmeer,
Nordsee,
westliche
Ostsee,
Ärmelkanal,
Atlantik,
Mittelmeer*

Lebensraum: Schlick- und Sandböden in ca. 15 cm Tiefe; in Wassertiefen bis zu 15 m

Meeresgebiete: Wattenmeer, Nordsee, westliche Ostsee, Ärmelkanal, Atlantik, Mittelmeer

Lebensweise: diese Pfeffermuschel kann bis zu 18 Jahre alt werden.

Systematik

Art:	Scrobicularia plana (Große oder Flache Pfeffermuschel, Flat Tellin)
Gattung:	Scrobicularia
Familie:	Semelidae (Pfeffermuscheln, Semele Clams)
Überfamilie:	Tellinoidea (Plattmuscheln)

Suchen und Finden

Schalen: im Angespül der Halligufer recht häufig; oft hält noch das Ligament die Klappen zusammen. Frisch aufgeworfene Schalen sind zart gefärbt, bleichen aber am Strand schnell zu unscheinbarem Weiß aus.

An Stellen, an denen Klaffmuscheln im Schlick stecken, gibt es häufig auch Kolonien von steckenden Pfeffermuschelschalen, leider dann oft schwarz eingefärbt.

Lebende Pfeffermuscheln: sie lassen sich ohne zu graben nicht finden. Auf dem Wattboden sind sie an zwei aneinander stoßenden Löchern, die durch die Siphone entstehen, erkennbar, jedoch ist dieses Merkmal nicht besonders markant.

Die Pfeffermuschel ist essbar, wegen ihres scharfen Geschmacks hat sie ihren Namen erhalten. Im Gegensatz zu südlichen Ländern (z. B. Frankreich) wurde sie im Wattenmeer jedoch nicht als Nahrungsmittel verwendet – vermutlich, weil sie wegen ihrer geringen Größe und Anzahl keinen Sättigungswert besaß.

Glänzende Pfeffermuschel

 ## Steckbrief

Aussehen: dünnschalige, elliptische Muschel, fein konzentrisch gestreift.
Länge: bis 1,5 cm
Farbe: hell-bräunlich

Lebensraum: in Schlickböden bis zu 2000 m Wassertiefe
Meeresgebiete: Nordsee, Atlantik (Norwegen bis Mittelmeer)
Feinde: Schollen

Systematik
Art: Abra nitida (Glänzende Pfeffermuschel)
Gattung: Abra
Familie: Semelidae (Pfeffermuscheln, Semele Clams)
Überfamilie: Tellinoidea (Plattmuscheln)

Glänzende Pfeffermuschel. Nordsee, Atlantik

Suchen und Finden

Schalen: die Glänzende Pfeffermuschel, die hier als Beispiel für alle anderen Arten kleinerer Pfeffermuscheln angeführt wird, wird man selten finden, es sei denn, man geht gezielt in Baggersänden aus der Nordsee auf Suche. Und auch dann benötigt man eine Lupe, um sie von anderen Muscheln unterscheiden zu können, zum Beispiel von Tellmuscheln oder sehr jungen Sandklaffmuscheln.

Schwungvolle Tellmuscheln

Den Pfeffermuscheln verwandt ist auch die Familie der Tellmuscheln. Tellmuscheln sind meistens eiförmig, hinten spitzer und wie zwischen Daumen und Zeigefinger zusammengedrückt und schnabelartig zur Seite gebogen, wodurch die Schalen einen kleinen Schwung erhalten. Das Ligament befindet sich außen.
Obwohl die Muscheln der gemäßigteren Meere im Allgemeinen weniger leuchtend sind – die Arten der Polarmeere sind sogar meistens weißlich oder blass (typisch: Klaffmuscheln) – als die der seichten tropischen Gewässer, sind manche Tellmuscheln ausgesprochen farbig. Vor allem deshalb werden sie gerne gesammelt.

Baltische Tellmuschel

Steckbrief

Aussehen: Die Schalen sind kräftig, bauchig, rund-dreieckig, vorn rund. Das Schlossband ist ebenfalls kräftig und häufig

Baltische Tellmuscheln, Mitte (braun-violett) und links unten von Sänden zwischen Langeness und Föhr. Wattenmeer, Nordsee, Ostsee, Ärmelkanal, Atlantik

auch bei angespülten Schalen noch vorhanden. Das Schloss hat nur kleine Hauptzähne, keine Seitenzähne (sicheres Unterscheidungsmerkmal gegenüber Trogmuscheln).

Länge: bis 3 cm

Farbe: außen einfarbig gelb – rot – rosa – bläulich – braun mit konzentrischen weißen Streifen oder mehrfarbig. Innen rot, gelb oder weiß.

Lebensraum: Schlick- und Sandböden, 3 bis 6 cm unter der Oberfläche in bis zu 200 m Wassertiefe

Meeresgebiete: Wattenmeer, Nordsee, Ostsee, Ärmelkanal, Atlantik

Lebensweise: da die Muschel wegen ihrer kurzen Siphone nah an der Oberfläche lebt, wird sie leicht freigespült und dann eine Beute von Wasservögeln. Im Vergleich dazu ist die Tatsache, dass sie mehrmals täglich ein Stückchen Sipho an hungrige Schollen verlieren kann, weniger dramatisch, auch wenn die Muschel mit gekürztem Sipho ein wenig näher zur Oberfläche rücken muss und dadurch wiederum gefährlicher lebt.

Die Baltische Tellmuschel kann bis zu 8 Jahre alt werden; in tieferen Gewässern wird sie noch älter (25 Jahre).

Systematik

Art:	Macoma balthica
	(Baltische Tellmuschel, Rote Bohne)
Gattung:	Macoma
Familie:	Tellinidae (Platt- oder Tellmuscheln, Tellins)
Überfamilie:	Tellinoidea (Plattmuscheln)

Suchen und Finden

Schalen: sie finden sich häufig im Angespül an den Stränden. Die Klappen der Tellmuscheln hängen oft noch am Schlossband zusammen.

Die innen und außen violett-rote Variante, auch „Rote Bohne" genannt, fällt sofort ins Auge. Frisch von Sandbänken der Nordsee gebaggert, fallen die Muscheln durch die ungewöhnlichsten und dunkelsten Farbkombinationen auf, weiße Schalen legen sie sich dagegen in brackigem Wasser zu.

Im Sand von Sandbänken findet sich meistens ein ganzer Schwung von Schalen mit gleichem Farbmuster, und dieses wechselt mit der Herkunft der Sände; Zeichen dafür, dass die Farben genetisch bedingt sind.

Lebende Muscheln: In trockenfallenden Herzmuschelfeldern der Wattengebiete findet man meistens auch einzelne Tellmuscheln. Zuweilen werden sie auch bei stärkeren Winden ans Ufer gespült. Wer sich ohnehin gerade eine Herzmuschelmahlzeit zusammensammelt, kann die Tellmuscheln mitnehmen und wird feststellen, dass sie sich im Geschmack durchaus von dem der Herzmuscheln unterscheiden.

Platte Tellmuschel

Steckbrief

Aussehen: Die Schalen sind stark zusammengedrückt, wodurch die Muschel sehr flach ist. Die Schalen sind dünn, zart und leicht zerbrechlich. Das Vorderende ist rund, das Hinterende spitz und geschnäbelt. Bei gleicher Länge ist die Muschel weniger hoch als die Baltische Tellmuschel. Das Schloss ist mit Seitenzähnen versehen, die oft kaum zu sehen sind.

Länge: bis 2,5 cm
Farbe: glänzend weiß, gelb, rosa oder bräunlich mit konzentrischen Streifen.

Lebensraum: Sand- und Schlickböden, bis zu 13 cm tief im Boden, bis 20 m Wassertiefe
Meeresgebiete: Wattenmeer, Nordsee, westliche Ostsee bis zur Kieler Bucht, Ostatlantik (Norwegen bis Marokko), Schwarzes Meer
Lebensweise: in großen Kolonien

Systematik

Art: Tellina tenuis (Platte Tellmuschel)
Gattung: Tellina
Familie: Tellinidae (Platt- oder Tellmuscheln, Tellins)
Überfamilie: Tellinoidea (Plattmuscheln)

Platte Tellmuschel. Wattenmeer, Nordsee, westliche Ostsee bis zur Kieler Bucht, Ostatlantik, Schwarzes Meer

73

Suchen und Finden

Schalen: Mancherorts ist die platte Tellmuschel die häufigste Muschel und gelangt dennoch nicht an die Strände, sei es, dass die Strömungen anders laufen, sei es, dass die Schalen aufgrund ihrer Zartheit vorher zerschlagen werden.

Im Seesand von Sandbänken der Nordsee (Bausandhaufen) sind die Schalen noch nicht zerrieben. Sie werden durch den steten Wind freigelegt und können bequem an der Oberfläche aufgelesen werden.

Gerippte Tellmuschel

 ## Steckbrief

Aussehen: Die Schalen sind zart, dünn und leicht zerbrechlich. Sie ähneln der Platten Tellmuschel, sind aber länger und spitzer, wobei das Hinterende nach rechts abgebogen ist. Die rechte Schale ist nicht nur konzentrisch, sondern zusätzlich schräg gerippt; man benötigt allerdings eine Lupe, um es zu erkennen.

Länge: bis 2,2 cm
Farbe: weiß mit etwas Rosa und Gelb

Lebensraum: Sand- und Schlickböden in Wassertiefen bis zu 100 m.

Meeresgebiete: Wattenmeer, Nordsee, Atlantik, Ärmelkanal, Mittelmeer

Lebensweise: Die Muschel liegt auf der linken Klappe im Sand. Die Rechtsbiegung der Hinterseite erlaubt den Siphonen, leichter nach oben auszutreten. Die Muscheln leben in großen Kolonien – damit die Schollen sie leichter finden können ...

Gerippte Tellmuschel. Wattenmeer, Nordsee, Atlantik, Ärmelkanal, Mittelmeer

---

Systematik

Art: Tellina fabula (Gerippte Tellmuschel)
Gattung: Tellina
Familie: Tellinidae (Platt- oder Tellmuscheln, Tellins)
Überfamilie: Tellinoidea (Plattmuscheln)

Suchen und Finden

Schalen: Auch diese zerbrechlichen Muschelschalen gelangen mit frischen Bausänden auf Inseln oder Halligen.

Weit gereiste Koffermuscheln

Verwandt mit Pfeffer- und Tellmuscheln sind die weltweit vorkommenden Koffermuscheln. Alle graben in Sand, und manche Arten sind sehr farbenprächtig. Die einheimische Art ist außen etwas eintönig, jedoch innen häufig prachtvoll violett. Als Nahrungsmittel werden Koffermuscheln, die offiziell Stumpf- oder Dreieckmuscheln heißen, in Deutschland nicht genutzt. Hauptsächlich in Italien werden sie auf den Märkten angeboten, weniger in Spanien und Frankreich. Die bei uns vorkommende Art ist das Sägezähnchen.

Sägezähnchen

 ### Steckbrief

Aussehen: Die Muscheln haben eine länglich-dreieckige Gestalt, vorn mit rundem, hinten mit abgeschrägtem, spitzem Rand. Der Wirbel liegt weit hinten. Die Oberfläche ist konzentrisch und fein radiär gestreift. Der untere Rand ist fein gezähnelt; man kann es mit dem Finger spüren, selbst wenn die Muschel zu klein sein sollte, um die Zähnelung mit bloßem Auge zu erkennen.
Länge: bis 3,5 cm
Farbe: braun; innen stellenweise violett

Säge-
zähnchen.
Wattenmeer,
Nordsee,
Ostsee,
Atlantik,
Kanal,
Mittelmeer

Lebensraum: Feinsand in bewegtem Wasser, in 7 bis 30 m Wassertiefe

Meeresgebiete: Wattenmeer, Nordsee, Ostsee, Atlantik, Kanal, Mittelmeer. (Die überwiegende Mehrzahl der Koffermuschelarten bevorzugt jedoch warme und tropische Meere.)

Lebensweise: Das Sägezähnchen lebt an der Oberfläche des Grundes, in dem es mit einem Teil seines Körpers steckt. Wird es durch heftige Wellenbewegung freigelegt, benutzt es seinen großen Fuß, um sich sofort in den Sand zurückzubuddeln. Im Unterschied zu Herzmuscheln oder anderen langsamen Muscheln ist das Sägezähnchen in Sekundenschnelle verschwunden. Überhaupt ist es ein schnelles Tier: Es braucht auch nur 1 Jahr, um seine volle Größe zu erreichen.

Systematik

Art:	Donax vittatus (Gebänderte Dreieckmuschel, Sägezähnchen)
Gattung:	Donax
Familie:	Donacidae (Stumpf- oder Dreieckmuscheln, Koffermuscheln, Wedge Clams, Bean Clams)
Überfamilie:	Tellinoidea (Plattmuscheln)

Suchen und Finden

Schalen: kann man dort erwarten, wo sich breite Sandstrände gebildet haben, z. B. an der Westseite von Eiderstedt, oder im Sand von Sandbänken.

Lebende Sägezähnchen: findet höchstens, wer schneller graben kann als die Muschel ...

Die Dreieckigen: Trogmuscheln

Auch Trogmuscheln ziehen die Nordsee der Ostsee vor. Wir fassen drei Arten zusammen, die sich sehr ähnlich sind und bei denen nicht geklärt ist, ob es sich möglicherweise um nur zwei verschiedene Arten handelt. (Das Strahlenkörbchen, das in der Nordsee lebt, haben wir niemals gefunden und beschreiben es daher nicht.)

Dicke Trogmuschel, Gedrungene Trogmuschel und Kleine Trogmuschel

 ### Steckbrief

Aussehen: Die Schalen sind konzentrisch gestreift, kräftig, fast gleichschenklig (Dicke und Gedrungene Trogmuschel) bzw. ungleichschenklig (Kleine Trogmuschel) dreieckig. Das Schloss besteht aus Haupt- und gut sichtbaren länglichen Seitenzähnen (ein sicheres Unterscheidungsmerkmal zur Baltischen Tellmuschel, wenn die Muschel so klein ist, dass Zweifel bestehen).
Länge: Dicke Trogmuschel bis zu 4,5 cm
Gedrungene Trogmuschel bis zu 3 cm
Kleine Trogmuschel bis zu 3,2 cm
Farbe: schmutzig-weiß mit bunter Streifung oder braun.

Lebensraum: dicht unter der Oberfläche von Sand- und Schlickböden; vor allem zwischen 15 und 40 m Wassertiefe, aber auch tiefer.
Feinde: Raubschnecken, Wellhornschnecken, Seesterne. Beim Angriff ihrer Feinde kommen die Trogmuscheln aus dem Sand heraus und können sich durch Sprünge mit Hilfe ihres Fußes retten.

Dicke Trogmuschel. Gedrungene Trogmuschel. Kleine Trogmuschel. Wattenmeer, Nordsee, Atlantik, Ärmelkanal, Ostsee, Mittelmeer, Schwarzes Meer

Meeresgebiete: Wattenmeer, Nordsee, Atlantik, Ärmelkanal, Ostsee, Mittelmeer, Schwarzes Meer (nur Gedrungene Trogmuschel)

Systematik

Arten:	Spisula solida (Ovale oder Dicke Trogmuschel)
	Spisula subtruncata
	(Gedrungene Trogmuschel)
	Spisula elliptica (Kleine Trogmuschel)
Gattung:	Spisula
Familie:	Mactridae (Trogmuscheln, Surf Clams)
Überfamilie:	Mactroidea (Trogmuscheln)

Trogmuscheln. Kleine Trogmuschel mit Fraßloch einer Nabelschnecke

Suchen und Finden

Schalen: z. B. an den Ufern von Sylt und an der Westküste von Eiderstedt, an den Halligufern dagegen nicht. Im Sand von Sandbänken gibt es oft sehr kleine Exemplare (unter 1 cm Länge), junge Muscheln also. Ein aufmerksamer Beobachter wird hin und wieder ein kreisrundes Loch in einer jungen Trogmuschel finden: Diese wurde ein Opfer einer Raubschnecke (mehr darüber unter Nabelschnecke).

Lebende Muscheln: lassen wir sie den Plattfischen, die sich hauptsächlich davon ernähren. Muscheln aus deutschen Gewässern wurden bisher nicht kommerziell genutzt; künftig ist es selbst im Nationalpark gestattet.
Trogmuscheln werden auf den großen Märkten in Deutschland als Delikatessmuscheln aus Frankreich angeboten.

Scheidenmuscheln, einheimische und eingewanderte

Diese unverkennbare Gruppe von viereckigen, lang gestreckten Muscheln hat im Watt mehrere Vertreter, die nicht ganz leicht voneinander unterscheidbar sind und auch nicht überall gemeinsam vorkommen. In der Regel wird man nur der Amerikanischen Schwertmuschel (Gerade Scheidenmuschel) begegnen.

Obwohl Scheidenmuscheln im Mittelmeer, in den USA und in SO-Asien ein gebräuchliches Nahrungsmittel darstellen und kommerziell genutzt werden, hat es sich im Wattenmeer nie eingebürgert, sie zu essen.

Allerdings sind die einheimischen Scheidenmuscheln auch kleiner als die amerikanischen (Razor Clams, Rasierklingenmuscheln), auf die man bei Handtellergröße sogar mit besonderen „Kanonen" Jagd macht, damit sie nicht auf ihrem flinken Fuß entkommen und dem Jäger auch noch Verletzungen zufügen.

Schotenmuschel

 ### Steckbrief

Aussehen: Es sind dünnwandige, lang gestreckte Schalen, fast gerade (nicht gebogen, im Gegensatz zu den anderen Arten); der obere Klappenrand ist gerade, der untere schwach gebogen. Eine diagonale Linie teilt die Muschel in Längsrichtung. Das Periostrakum (Oberhaut) überragt den Rand der Muschel. Länge: bis 20 cm

Farbe: Oberhaut glänzend gelbbraun bis olivgrün, darunter weiß-violett.

*Schoten-
muschel.
Nordsee,
westliche
Ostsee,
Atlantik,
Ärmelkanal,
Mittelmeer*

83

Lebensraum: Sandboden; unterhalb 20 m Wassertiefe
Meeresgebiete: Nordsee, westliche Ostsee, Atlantik, Ärmelkanal, Mittelmeer
Lebensweise: die Muschel lebt in einer Röhre, in die sie sich bei Gefahr noch tiefer zurückzieht. Sie kann auch durch Schwimmen entkommen.

Systematik
Art: Ensis siliqua (Schotenmuschel)
Gattung: Ensis
Familie: Pharidae
Überfamilie: Solenoidea (Scheidenmuscheln)

 ## Suchen und Finden

Schalen: an Sandstränden oder Ufern im Angespül, jedoch ist die Muschel selten. Die Schalen sind in der Regel verblasst und ohne Oberhaut.

Gebogene Scheidenmuschel

 ## Steckbrief

Aussehen: feste und schwere Schale. Deutlich gebogen. Glänzend. Ähnelt sehr der Schwertförmigen Scheidenmuschel (Ensis ensis), die aber kleiner und dünnschalig ist (10 cm lang, 1,3 cm breit).
Länge: bis 17 cm, Breite: bis 2,3 cm
Farbe: rosabraun, Oberhaut dunkelbraun

*Gebogene
Scheiden-
muschel.
Nordsee,
Atlantik von
Norwegen
bis Gibraltar*

85

Lebensraum: Sandböden in 15 – 40 m Wassertiefe
Meeresgebiete: Nordsee, Atlantik von Norwegen bis Gibraltar

Systematik

Art: Ensis arcuatus (Gebogene Scheidenmuschel)
Gattung: Ensis
Familie: Pharidae
Überfamilie: Solenoidea (Scheidenmuscheln)

 ## Suchen und Finden

Gelegentlich Schalen im Angespül der Halligen.

Gerade Scheidenmuschel

 ## Steckbrief

Aussehen: Die Schalen sind dünnwandig und lang gestreckt, ungleich in der Länge und leicht gebogen. Die Oberhaut glänzt.
Länge: bis 16 cm, Breite: 2–3 cm
Farbe: hellviolett mit weißen Querstreifen – olivgrün – braun

Lebensraum: Sandböden, in 3–18 m Wassertiefe
Meeresgebiete: Nordsee, Ostküste Nordamerikas

 ## Geschichte

Die amerikanische Schwertmuschel wurde 1978 aus den USA mit dem Ballastwasser von Schiffen eingeschleppt. Inzwischen

*Gerade
Scheiden-
muschel.
Nordsee,
Ostküste
Nordamerikas*

87

kommt sie in großen Beständen im Wattenmeer vor, ohne die einheimischen Scheidenmuscheln verdrängt zu haben, die größere Wassertiefen bevorzugen.

Systematik

Art: Ensis directus (Gerade Scheidenmuschel, Amerikanische Schwertmuschel)

Gattung: Ensis

Familie: Pharidae

Überfamilie: Solenoidea (Scheidenmuscheln)

 ## Suchen und Finden

In der Regel handelt es sich bei den an den Stränden ange-schwemmten Schalen von Scheidenmuscheln um die Amerika-nische Schwertmuschel. Auf Sylt wird sie zuweilen in Massen an Land geworfen.

Die farbenprächtigen Venusmuscheln

Mehrere Arten von Venusmuscheln gehören zu begehrten Delikatessen, die in Frankreich und verschiedenen Mittelmeer-
ländern gefischt bzw. gezüchtet und auf Fischmärkten angeboten werden. Insbesondere zählt dazu auch die Strahlige
Venusmuschel (Chamaelea gallina, ital. vongola), die in Italien
gerne mit Spaghetti gegessen wird (und sich bei uns problem-
los durch die Herzmuschel ersetzen lässt).
Im Wattenmeer sind alle diese Arten nicht erhältlich. Hierher
gelangen allenfalls die Schalen einiger Arten, die von der
Nordsee hereingespült werden. So soll es die Gestreifte und
die Kleine Venusmuschel sowie die Artemismuschel geben, die
wir jedoch nie gefunden haben und daher auf eine Beschreibung verzichten.

Getupfte Teppichmuschel

Steckbrief

Aussehen: lang-ovale kräftige Schale; Schloss weit vorne; obe-
rer Schalenrand gerade. Je nach der Art ist der hintere Rand
abgeschrägt oder gerundet. Außen radiär und konzentrisch
fein gerippt. Am hinteren Muschelende fließen die Rippen zu
wellenförmigen Strukturen zusammen.
Länge: bis 6,0 cm
Farbe: Gelblich-weiß, hellbraun, rotbraun, zuweilen mit
schwarzen v-förmigen Streifen. Die Schalen lebender Tiere
sind bunt getupft und gemustert, allerdings bekommt man
diese kaum zu Gesicht. Bei angespülten Schalen kann man bei
genauerer Betrachtung die verblassten Reste dieser Farben
noch erkennen.

Teppich-
muscheln.
Nordsee,
Ärmelkanal,
Atlantik,
Mittelmeer

Lebensraum: Sandböden mit lebhafter Wasserbewegung in 6–8 m Wassertiefe.

Meeresgebiete: Nordsee, Ärmelkanal, Atlantik, Mittelmeer

Lebensweise: Teppichmuscheln verankern sich mit Byssusfäden am Untergrund, vor allem in sehr bewegtem Wasser.

Systematik

Arten: Tapes pullastrus (Getupfte Teppichmuschel)
               Tapes decussatus (Teppichmuschel)

Gattung: Tapes

Familie: Veneridae (Venusmuscheln, Venus Clams)

Überfamilie: Veneroidea (Venusmuscheln)

Suchen und Finden

Schalen: an Küsten mit breiten Sandstränden, wie in Eiderstedt und auf Sylt. An die Halligkanten werden Teppichmuscheln nur selten gespült, obwohl sie in den benachbarten Prielen in 6 bis 8 m Wassertiefe leben; offenbar sind sie hier zwischen Steinen besonders gut befestigt.

Im Seesand von Sandbänken treten sie zuweilen in großen Mengen auf, so z. B. im Wattenmeer zwischen Langeness und Hooge, bzw. Langeness und Föhr.

Lebende Muscheln: Wer lebende Teppichmuscheln haben möchte, sollte sich bei einem Fischer, der mit dem Grundnetz fischt, erkundigen, ob er sie beschaffen kann. In anderen Gegenden (z. B. Bretagne) gelten sie als Delikatesse.

*Braune
Venusmuschel.
Atlantik,
von Irland bis
zu den Azoren,
Mittelmeer*

92

Braune Venusmuschel

Diese Muschel gibt es von Irland bis zum Mittelmeer, offenbar nicht an deutschen Küsten. Ist es eine Laune von Meeresströmungen, dass prachtvoll große, wenn auch verblasste Exemplare dieser Venusmuschel dennoch auf den Stränden von Eiderstedt angetrieben werden? Oder ist es eine Folge der Erwärmung der nördlichen Meere, die uns die Meeräsche gebracht und die Gestutzte Klaffmuschel weitgehend vertrieben hat?

In Spanien und Italien jedenfalls wird diese Muschelart, die besonders groß ist, gewerbsmäßig gefischt, in Italien auch gezüchtet, da sie sehr gern gegessen wird.

Steckbrief

Aussehen: Kräftige, glatte ovale Muschel. Vorderrand rund, hinten spitz. Konzentrische Wachstumslinien und radiäre Bänder. Länge: bis 8 cm
Farbe: hellbraun mit dunkler braunen Bändern, innen weiß

Lebensraum: Sedimentböden
Meeresgebiete: Atlantik von Irland bis zu den Azoren, Mittelmeer

---
Systematik
Art: Callista chione (Braune Venusmuschel)
Gattung: Callista
Familie: Veneridae (Venusmuscheln, Venus Clams)
Überfamilie: Veneroidea (Venusmuscheln)

Suchen und Finden

Schalen: können – selten – an der Westküste von Eiderstedt gefunden werden.

Hereingetragen aus der Nordsee

Die folgenden Muschelarten sind weder miteinander, noch mit den vorher beschriebenen näher verwandt; gemeinsam ist ihnen lediglich, dass sie aus der tieferen Nordsee an die Ufer geschwemmt werden und aus unterschiedlichen Gründen kleine Besonderheiten darstellen.

Nussmuscheln

Diese Muscheln leben in größeren Wassertiefen, sind kein Bestandteil des Angespüls und wegen ihrer winzigen Größe auch kein Nahrungsmittel für Menschen. Schellfische und Schollen sehen dies völlig anders; für sie sind sie wichtige Nahrungsgrundlage.

Interessant sind Nussmuscheln in wissenschaftlicher Hinsicht; allein dass sie zu den „Alten Reihenzähnern" gehören, signalisiert etwas Besonderes: Ihr Schließmechanismus ist anders als bei allen anderen hier geschilderten Muscheln und sehr altertümlich.

Steckbrief

Aussehen: Kleine dreieckig-rundliche Muschel. Außen konzentrisch gestreift und radiär gerippt. Das gewinkelte Schloss erkennt man mit bloßem Auge. Mit der Lupe sieht man eine Reihe von Zähnen, die wie eine Zahnleiste rechtwinklig zum Muschelinneren gerichtet sind. Der untere Rand der Muschel ist fein gezähnt.
Länge: ca. 1,5 cm, häufig kleiner
Farbe: gelbgrün; innen glänzend von Perlmutt.

Lebensraum: Schlick und Sand von 10–950 m Tiefe
Meeresgebiete: Nordsee (Nucula tenuis auch an der Ostsee),
europäische Küsten von Norwegen bis Angola, Mittelmeer,
Schwarzes Meer

Systematik

Art:	Nucula nucleus (Große Nussmuschel)
	Nucula turgida (Glänzende Nussmuschel)
	Nucula tenuis (Dünnschalige Nussmuschel)
Gattung:	Nucula
Familie:	Nuculidae (Nussmuscheln, Nut Clams)
Überfamilie:	Nuculoidea

Suchen und Finden

Nussmuscheln gibt es nicht am Strand, jedoch im Sand von
Sandbänken. Trotz ihrer geringen Größe fallen sie wegen der
glänzenden Perlmuttschicht auf.

*Nussmuscheln
(links natür-
liche Größe,
rechts ver-
größert).
Nordsee,
europäische
Küsten von
Norwegen
bis Angola,
Mittelmeer,
Schwarzes
Meer*

Islandmuschel.
Nordsee,
westliche
Ostsee,
Atlantik von
Norwegen
bis Portugal

Islandmuschel

Dickschalig und kräftig, wirkt diese Muschel so richtig aus-gerüstet für schwere See und kaltes Wasser. Sie ist wegen der schwarzen Farbe ihrer Oberhaut unverkennbar. In Island wird sie gegessen.

Steckbrief

Aussehen: Schwere Muschel, dickschalig, fast rund. Wirbel nach vorne gekrümmt. Konzentrische Zuwachsstreifen.
Länge: bis 12 cm
Farbe: schwarz, sofern das Periostrakum vorhanden ist. Wo es abblättert, ist die Muschel weiß oder gelblich.

Lebensraum: Sand- und Schlickböden; in der Ostsee bis 40 m Wassertiefe, in der Nordsee darunter
Meeresgebiete: Nordsee, westliche Ostsee (vor allem Kieler Bucht), Atlantik von Norwegen bis Portugal
Lebensweise: die Islandmuschel lebt abwechselnd im und auf dem Meeresgrund. Sie kann sich sehr schnell eingraben.

> **Systematik**
> Art: Arctica islandica (Islandmuschel, Black Clam)
> Gattung: Arctica
> Familie: Arcticidae (Islandmuscheln, Arctica Clams)
> Überfamilie: Arcticoidea

Suchen und Finden

Schalen: der Islandmuschel werden hin und wieder an der Westküste von Eiderstedt angetrieben.

*Reisemantel,
in der Fisch-
kiste ange-
trieben.
Nordsee,
Atlantik,
Mittelmeer*

98

Reisemantel

Kammmuscheln wie dem Reisemantel können wir in unseren Gewässern nur als Durchreisenden begegnen, in den Spülsaum der Ufer gelangen sie nicht. Nur gelegentlich erreichen diese kleineren Ausgaben von Jakobsmuscheln, deshalb auch Kleine Pilgermuschel genannt, unsere Ufer lebend als Passagier auf schwimmenden Unterlagen.

Steckbrief

Aussehen: Klappen so hoch wie lang, linke Klappe stärker gewölbt. „Ohren" fast gleich (vorderes etwas größer).
Länge: bis 9 cm
Farbe: gelb, braun, rötlich gefleckt

Lebensraum: Weich- und Hartböden, in der Nordsee in 40–50 m Wassertiefe, sonst bis zu 2600 m Tiefe
Meeresgebiete: Nordsee, Atlantik, Mittelmeer

Lebensweise: Die jungen Muscheln leben mit Byssusfäden an einen Untergrund angeheftet. Die erwachsenen liegen mit der rechten Klappe nach unten lose auf dem Meeresboden; Gefahren können sie durch Schwimmen entkommen.

Systematik
Art: Chlamys opercularis (Kleine Pilgermuschel, Reisemantel, Queen Scallop)
Gattung: Chlamys
Familie: Pectinidae (Kammmuscheln, Scallops)
Überfamilie: Pectinoidea (Kammmuscheln)

Suchen und Finden

Lebende Kammmuscheln: Die jungen Muscheln sind reiselustig: Es könnte sein, dass man sie in einem Kunststoffcontainer für Seefische findet, der von Bord eines Fischerbootes ging.

Die erwachsenen Reisemäntel leben in der Tiefe der Deutschen Bucht (nördlich bis Helgoland) und lassen sich an den Ufern nicht sehen. Am einfachsten kann man ihnen auf den Fischmärkten und in den Fischrestaurants von Frankreich begegnen, wo der weiße Schließmuskel zusammen mit dem roten Rogen in der tieferen der beiden Kammmuschelschalen serviert wird.

Schnecken

Schlemmerei seit der Steinzeit

Wellhornschnecken und Strandschnecken wurden in Europa schon in prähistorischen Zeiten gegessen. Sie sind bis heute im Südwesten und Westen Europas beliebt geblieben: Wellhornschnecken vor allem in den französisch-sprachigen Ländern (Frankreich und Belgien; die Fänge aus Großbritannien werden dorthin exportiert) – Strandschnecken in Frankreich, den Niederlanden, Großbritannien und Irland. In Frankreich züchtet man die Strandschnecken sogar in Wassergärten.

In Deutschland riss die Tradition ab – mit einer Ausnahme: Auch auf den Halligen stellen Wellhornschnecken, die dort auf den Namen Hünne hören, seit urdenklichen Zeiten ein Nahrungsmittel dar.

Wellhornschnecken oder Hünne

Steckbrief

Aussehen: Das Gehäuse ist spindelförmig, dickwandig und gewellt mit bis zu 8 Umgängen, dabei gitterartig gegliedert.
Länge: bis 16 cm
Farbe: blaugrau – braun – rötlich – ocker – weiß

Lebensraum: Weich- und Hartböden unterhalb der mittleren Niedrigwasserlinie
Meeresgebiete: Wattenmeer, Nordsee, westliche Ostsee, Ärmelkanal, Atlantik
Ernährung: lebende Beute (Muscheln, Schnecken, Krebse) und Aas.

*Wellhorn-
schnecke.
Wattenmeer,
Nordsee,
westliche
Ostsee,
Ärmelkanal,
Atlantik*

Lebensweise: Die räuberisch lebende Wellhornschnecke hat eine listige Technik entwickelt, um Muscheln zu überwältigen. Die „gejagten" Muscheln öffnen die Schalen, wenn sie nach einiger Zeit glauben, den Feind los zu sein: Diesen Augenblick nutzen die lauernden Schnecken, um ihren verdickten Mündungsrand zwischen die Schalen zu schieben und sie aufzuklappen ... Die Muscheln verlieren meistens den Kampf; nur mit sehr kräftigen Schalen gelingt es zuweilen einer, die Klappen wieder zuzuziehen, den Schneckenrand „abzubeißen" und zu entkommen.

Ins Auge fallen nicht nur die gewaltigen Gehäuse der Wellhornschnecken, sondern auch deren blasige Eipakete, die vom Spätwinter an als Ballen an Land gespült werden. Die einzelnen Kapseln enthalten zahllose Eier, von denen nur wenige befruchtet sind. Den Jungschnecken dienen die unbefruchteten Eier als Nahrung; sie schlüpfen vollständig ausgebildet.

Systematik

Art: Buccinum undatum (Wellhornschnecke, Common Whelk)
Gattung: Buccinum
Familie: Buccinidae (Wellhornschnecken, Whelks)
Überfamilie: Muricoidea

Geschichte

Die leeren Eiballen wurden in früheren Zeiten als Putz- und Scheuerkissen verwendet und als solche Meeresseife genannt. Die Gehäuse der Hünne schoben die Halligkinder als Kuh und Schaf durch imaginäre Ställe.

*Wellhorn-
schnecke.*

Suchen und Finden

Gehäuse: an vielen Stellen des Wattenmeeres im Angespül. Helle, unverfärbte leicht rosa Gehäuse gibt es in Sandgebieten; Exemplare, die im Schlick gelegen haben, sind oft schwarz eingefärbt.

Wellhornschnecken liefern außerdem die größten Schneckengehäuse für Einsiedlerkrebse. Diese sind dann häufig von einer pelzig-harten braunen Schicht überzogen, den Überresten eines Stachelpolypen, der mit dem Krebs eine Lebensgemeinschaft führt. Diese zweckentfremdeten Gehäuse findet man gelegentlich auf Steinkanten, Molen und Hafenanlagen, wo sie von hungrigen Möwen fallen gelassen wurden, die den Krebsen an den Kragen wollten.

Eiballen der Wellhorn-schnecke.

Lebende Schnecken: da die Schnecken bei allen Tiden im Wasser bleiben, kann man sie normalerweise nur vom Boot aus mit dem Grundgeschirr fangen.

Nur unter besonderen Umständen lassen sie sich innerhalb des Wattenmeeres auch mal zu Fuß „überraschen" – auf ihrem Weg über rasch trockengefallenen Sand zurück in das Wasser nach hartem Wind und besonders tiefer Ebbe etwa.

Unter solchen Bedingungen ist der Wellhornschneckenfang von der Hallig aus etwa ein bis zwei Mal im Jahr möglich, wurde aber früher gern wahrgenommen, denn die Schnecken gelten manchen Halligbewohnern als besondere Delikatesse. Sie sind „kräftiger" im Geschmack als andere Weichtiere, vergleichbar etwa dem Unterschied im Geschmack zwischen Wild und entsprechendem Zuchttier.

 ## Freizeit

Die großen Gehäuse lassen sich gut als „Platzkarte" beschriften oder zu ähnlichen dekorativen Zwecken auf dem festlich gedeckten Tisch verwenden. Mit Emaillefarben angemalt und mit Goldpuder bestäubt, können sie auffallende Anhänger für Weihnachtsgeschenke sein, die man ganz gewiss nicht wegwerfen wird.

Man kann die Gehäuse auch – insbesondere, wenn sie bereits Löcher haben – als Mobile aufhängen. Aquarellfarbe und Lack geben ihnen einen strahlenden Glanz; sofern man wasserfeste Hobbyfarbe verwendet, eignen sie sich als verfremdete Ostereier für die freie Natur.

Traditionelle Zubereitungen auf den Halligen

Gekochte Wellhornschnecken
Gebratene Wellhornschnecken
Wellhornfrikadellen

Vorbereitung: Gehäuse mit Wasser säubern. Ca. 15 Minuten in kochendes Wasser geben. Schnecke mit einer Gabel am Horndeckel herausziehen, Deckel abschneiden.

● *Gekochte Wellhornschnecken* (Martha Paulsen)
Vorbereiten wie oben beschrieben. Schneckenfleisch kalt abspülen, salzen, pfeffern und nach Geschmack mit Zitrone oder Kräuterbutter verfeinern.

● *Gebratene Wellhornschnecken* (Martha Paulsen)
Vorbereiten wie oben beschrieben. Schnecken pfeffern, salzen und in Mehl wenden. Mit klein geschnittenen Zwiebeln in der Pfanne braten.

● *Wellhornfrikadellen* (Martha Paulsen)
Die gekochten Schnecken durch den Fleischwolf drehen. Gehackte Zwiebeln dazugeben, pfeffern, salzen und mit Ei sowie Mehl oder gekochten Kartoffeln binden. Frikadellen formen und braten.

● *Wellhornschnecken konservieren* (Martha Paulsen)
Wellhornschnecken können wie Krabben durch Einsalzen haltbar gemacht werden (Mengenverhältnis: 3 Hand voll gekochtes Schneckenfleisch auf 1 Hand voll Salz). Einstampfen, um Luft zu entfernen. Zum Zubereiten auswässern und dann wie oben.

Tinkeltuut oder auch Gemeine Strandschnecke

Tinkeltuut, Tinkeltuut,
kumm heruut,
kumm heruut ut dien Huus!

So wurde von den Kindern auf den Halligen gesungen, um die Gemeine Strandschnecke aus ihrem Häuschen herauszulocken.
Und was tat sie? Sie kam heraus.
Möglicherweise, weil sie auf den Halligen überaus freundlich behandelt wurde: Es begann bereits beim Namen Tinkeltuut, was mit Glanzhörnchen übersetzt werden kann.
Darüber hinaus jagte niemand ihr aus Profession nach, denn gegessen wurde sie hier nicht – außer von Kindern, die sie als Abenteuerspaß am Ufer in der Blechdose kochten.

Steckbrief

Aussehen: Das Gehäuse ist klein und spitzkegelig mit großer ovaler Mündung. Die Schale weist feine Spirallinien auf, die von Zuwachsstreifen gekreuzt werden.
Höhe: bis 4 cm (in Brackwasserzonen), im Wattengebiet in der Regel kleiner.
Farbe: hellbraun – dunkelbraun – schwärzlich

Lebensraum: Hart- und Weichböden, Felsen, Steinkanten, auch außerhalb der Hochwasserzone.
Meeresgebiete: Wattenmeer, Nordsee, westliche Ostsee, Ärmelkanal, Atlantik, Mittelmeer
Feinde: Die Silbermöwe schluckt die Strandschnecken sozusagen mit Haut und Haar und knackt das Gehäuse mit ihrem Muskelmagen auf.

Strandschnecke.
Wattenmeer,
Nordsee,
westliche
Ostsee,
Ärmelkanal,
Atlantik,
Mittelmeer

109

Lebensweise: Die Strandschnecke ist ein Weidegänger, der mit der Raspelzunge seine Umgebung von Pflanzenbewuchs und Kieselalgen abgrast. Auf weichem Boden sind ihre Laufspuren sichtbar. Sie kann tagelang trockenfallen. Im Winter zieht sie sich ins Wasser zurück, um vor dem Frost geschützt zu sein.

Systematik

Art: Littorina littorea (Gemeine Strandschnecke, Common Periwinkle)
Gattung: Littorina
Familie: Littorinidae (Strand- oder Uferschnecken, Periwinkles)
Überfamilie: Littorinoidea (Uferschnecken)

 ## Suchen und Finden

Die Gehäuse gibt es in Massen an den Uferzonen. Man muss aufpassen, dass man nicht versehentlich ein lebendes Exemplar mitnimmt, es sei denn, man sammelt sie als Vorspeise ein.

Traditionelle Zubereitung

Wie schon erwähnt, kannte man in der traditionellen Halligküche keine Strandschnecken. Jedoch haben sich mit zugezogenen Einwohnern die Gewohnheiten geändert, und nun werden auch Tinkeltuten gegessen.

● *Tinkeltuten-Toast* (Karl-Heinz Lösche)
1 kg Strandschnecken, nach Grundrezept (s. S. 135) vorbereitet und abgegossen

100 g Butter, weich
1 Knoblauchzehe, durchgepresst
1 El Petersilie, gehackt
(ersatzweise Knoblauchbutter als Fertigprodukt)
8 Toast-Scheiben

Butter, Knoblauch und Petersilie mit einer Gabel miteinander verkneten. Die Toastscheiben damit bestreichen. Jeweils eine Scheibe mit Schnecken bedecken, eine zweite Scheibe darüber legen. In einem Sandwichbereiter goldbraun backen.

Zum Schluss noch ein Tinkeltutenlied, das auf Nordstrand gesungen wurde.

Tinkeltut-Leed:

Lütt Hannes truck sick barfoot ut
und ging na dee Schlüss
und halt sick een Tinkeltut
de keek hee sick verwundert an,
und denn fung hee ock glieks to singen an.
:Oh, du mien lewe söde Tinkeltut, Tinkeltut
kumm herut, rut ut dien Hus: 2 mal

Na een poor Johrn nat Konfermern
söcht Hannes sich son lüdde schmuke Deern
See seck so blied und niedlich ut
haar Kroller-Locken as son Tinkeltut.
:Oh, du mien … usw.:

Dor keen dat lüdde Tinkeltut
son ganz lütt beeten to dat Finster rut
und Hannes krault ehr int Hoor
und säh ehr liesen liesen wat int Ohr.
Oh, du mien … usw.:

Nu gahn see Beide Hand in Hand
mang blaue Blöme dör dat Hallig-Land.
See sehn ock Beide glücklich ut
und sing´n tosamm dat Leed vun dee Tinkeltut.
:Oh, du mien … usw.:

(Dieses Lied wurde von Andreas Busch, dem Entdecker von
Rungholt, geschrieben und war seitdem im Besitz einer Familie auf Nordstrand, die es tradierte und auch aufgeschrieben
hat. Die Schreibweise wurde nicht verändert.)

Klein und gemein

Die folgenden Schnecken ernähren sich sowohl von lebenden Beutetieren als auch von Aas.

Gemeine Netzreusenschnecke

Steckbrief

Aussehen: Das Gehäuse ist kegelförmig und dickwandig. Außen trägt es breitere Rippen und schmalere Spiralen, die eine gitterartige Struktur ergeben. Es hat bis zu 7 Umgänge.
Länge (Höhe): bis 3 cm
Farbe: weißlich-gelb – bräunlich – bläulich (die Schnecken nehmen die Farbe des Sandes an, in dem sie leben)

Lebensraum: Sandböden, Steinböden im Wattenmeer; im Winter in tieferem Wasser
Ernährung: räuberisch von Würmern, Muscheln, Schnecken und Aas.
Meeresgebiete: Nordsee, westliche Ostsee, Ärmelkanal, Atlantik, Schwarzes Meer

---

Systematik
Art: Nassarius reticulatus (Netzreusenschnecke,
                Netted Dogwhelk)
Gattung: Nassarius
Familie: Nassariidae (Sand- oder Reusenschnecken,
                Mud-, Dog-, Basket Shells)
Überfamilie: Muricoidea

Suchen und Finden

Gehäuse: gelegentlich im Angespül

Lebende Schnecken: gelangen nie ans Ufer; sie sind auch nie als Lebensmittel verwendet worden.

Gemeine Netzreusen- schnecke. Nordsee, westliche Ostsee, Ärmelkanal, Atlantik, Schwarzes Meer

Kleine Treppenschnecke

Steckbrief

Aussehen: kegelförmiges Gehäuse mit fester Schale. Die einzelnen Umgänge sind treppenartig voneinander abgesetzt.
Länge (Höhe): bis 1,8 cm
Farbe: gelblich-weiß

Lebensraum: schlickig und schlickig-sandige Böden bis in mehrere tausend Meter Wassertiefe
Ernährung: räuberisch mit Hilfe einer Giftdrüse
Meeresgebiete: Nordsee, Ostsee, Atlantik von Grönland bis Marokko

Kleine Treppenschnecke. Nordsee, Ostsee, Atlantik von Grönland bis Marokko

Systematik

Art: Oenopota turricula (Kleine Treppenschnecke)
Gattung: Oenopota
Familie: Turridae (Turmschnecken, Turrids)
Überfamilie: Conoidea (Giftzüngler)

Suchen und Finden

Gehäuse: in Sand von Sandbänken. Nicht immer erreicht die Schnecke die angegebene Größe; dann empfiehlt es sich, sie mit der Lupe zu suchen.

Große Nabelschnecke

Steckbrief

Aussehen: Das Gehäuse ist rundlich und niedrig gewendelt, die Endwindung hat eine große Öffnung. Im Unterschied zu den übrigen Schnecken des Wattengebietes hat diese einen Nabel, ein Loch im Zentrum des Gehäuses.
Länge (Höhe): bis 4 cm
Farbe: gelblich, unterhalb der Naht schräg stehende dunkle Flecke

Lebensraum: Sandböden vom Flachwasserbereich bis 215 m Wassertiefe
Ernährung: Räuberisch von Muscheln, die die Schnecke mit ihrem Fuß festhält. Danach beginnt sie, die Schale mit ihrer Raspelzunge anzubohren. Die Opfer werden schließlich durch das charakteristische kreisrunde, wie mit einem pyramiden-

*Große Nabel-
schnecke.
Nordsee,
Nordost-
atlantik,
Mittelmeer*

117

förmigen Bohrkopf ausgestanzte Loch ausgeschlürft.
Meeresgebiete: Nordsee, Nordostatlantik, Mittelmeer

Systematik

Art:	Lunatia catena (Große Nabelschnecke, Halsband-Mondschnecke, Necklet Moonshell)
Gattung:	Lunatia
Familie:	Naticidae (Nabel- oder Mondschnecken, Moon Shells)
Überfamilie:	Naticoidea (Nabelschnecken)

 ## Suchen und Finden

Gehäuse: im Bereich der Halligen höchstens als Zufallsfund. Das Fehlen von Muscheln mit Nabelschnecken-Fraßlöchern beweist deutlich, dass die Schnecke dort nicht lebt. Im Spülsaum von Sylts Westküste findet man dagegen gelegentlich Muscheln, die Raubschnecken zum Opfer fielen, woran auch die Glänzende Nabelschnecke, die kleinere Verwandte der Großen Nabelschnecke, beteiligt sein kann.

Harmlose Raspler und Filtrierer

Nicht alle Schnecken leben räuberisch. Eine der auffallendsten – zugleich wegen ihrer geringen Größe unmöglich in Original-größe darzustellen –, ist die Wattschnecke.

Gemeine Wattschnecke

Natürlich ist diese Schnecke nicht gemein, sondern allgemein gegenwärtig im Watt. Besonders auffällig ist sie jedoch nur, wenn sie zusammen mit Millionen von Artgenossen auftritt – als grauschwarze Masse, die es nach stärkeren Winden in ei-nen Winkel des Ufers verschlägt.

Steckbrief

Spitzes Gehäuse mit bis zu 7 Umgängen.
Länge (Höhe): bis 6 mm
Farbe: gelb bis dunkelbraun

Lebensraum: Sandböden, auf der Oberfläche von Algen in fla-cherem Wasser
Ernährung: Kieselalgen, Blaualgen
Meeresgebiete: Nordsee, westliche Ostsee, Atlantik, Mittel-meer

Lebensweise: Die Wattschnecken treiben an der Oberfläche des Wassers mit der auflaufenden Flut landeinwärts und mit ablaufendem Wasser wieder hinaus, wo sie zu Boden sinken und zu fressen beginnen. Danach graben sie sich ein, bis das Wasser erneut steigt und sie mitnimmt.

Suchen und Finden

Die Gehäuse sind vor allem dann leicht zu finden, wenn die Schnecken als „Teppich" an Land geraten sind. Innerhalb dieser Massen befinden sich selbstverständlich auch andere Kleinschnecken, die nur mit der Lupe voneinander unterschieden werden können.

Gemeine Turmschnecke

Wie ihr Name schon sagt, ist diese Schnecke turmartig hoch und allgegenwärtig – mit Einschränkungen.

 ## Steckbrief

Schlankes, kräftiges Gehäuse mit bis zu 19 Umgängen, die zur Mündung hin größer werden und die Schnecke wie einen Kegel aussehen lassen.
Länge (Höhe): bis 5 cm
Farbe: rötlich, braun

Lebensraum: Sand- und Schlickböden direkt unter der Meeresbodenoberfläche in 6 bis 200 m Wassertiefe.

120

*Turmschnecke.
Nordsee,
europäische
Atlantikküsten,
Mittelmeer*

Ernährung: durch Herbeistrudeln und Filtrieren von Wasser mit Nahrungspartikeln.

Meeresgebiete: Nordsee, europäische Atlantikküsten, Mittelmeer.

Lebensweise: Die Schnecke bleibt ihr Leben lang an ihrem Wohnort.

Systematik

Art: Turritella communis (Gemeine Turmschnecke)
Gattung: Turritella
Familie: Turritellidae (Turm- oder Schrauben- schnecken, Tower Shells)
Überfamilie: Cerithioidea

Suchen und Finden

Die Gehäuse kommen in großen Mengen z. B. an den Stränden von Sylt vor.

Pantoffelschnecken

Diese Schnecken folgen nicht dem herkömmlichen Bild, das man von Schnecken hat; weder Gewinde, noch sonstige zur Schnecke gehörende Attribute zeichnen sie aus. Der kleine Einwanderer aus den USA wirkt wirklich wie ein altertümlicher Pantoffel.

Steckbrief

Aussehen: Das Gehäuse ist oval und nach oben gewölbt; ein kaum wahrnehmbarer, eingerollter Zipfel am Hinterende stellt das Gewinde der Schnecke dar. Die Mündung ist sehr groß und wird zur Hälfte von einer grau-weißen Scheidewand verdeckt.
Setzt sich die Schnecke zufällig in einer Hohlform fest, entwickelt die Schnecke eine flache, statt der gewölbten Form; in diesem Fall wölbt sich die Scheidewand nach unten vor.
Länge: bis 5 cm, im Wattengebiet häufig kleiner
Farbe: grau-gelblich mit weinroten Flecken oder Streifen; alte Exemplare nur noch grau. Innen weiß mit durchschimmerndem Muster.

Lebensraum: Hartböden, Muschelbänke, auf Austernbänken (deshalb auch Austernpest genannt, obwohl die Pantoffelschnecken die Austern nicht direkt, sondern nur durch Nahrungskonkurrenz schädigen), auf Miesmuscheln.
Ernährung: durch Filtrieren von Plankton
Meeresgebiete: Nordsee, Ärmelkanal, Atlantik, Mittelmeer, Ostküste von Nordamerika

Lebensweise: Die erwachsenen Tiere sitzen aufeinander fest und bilden eine Kette, wobei die untersten sich zu Weibchen verwandelt haben; darüber sitzen sterile Männchen, die sich

Pantoffel-
schnecke.
Nordsee,
Ärmelkanal,
Atlantik,
Mittelmeer,
Ostküste von
Nordamerika

123

gerade zu Weibchen wandeln, und zuoberst die geschlechts-
reifen Männchen.

Systematik

Art:	Crepidula fornicata (Pantoffelschnecke, Slipper Shell)
Gattung:	Crepidula
Familie:	Calyptraeidae (Pantoffel- oder Hauben-schnecken, Cup-and-Saucer Shells)
Überfamilie:	Calyptraeoidea (Pantoffelschnecken)

Flache Form der Pantoffel-schnecke.

Geschichte

Diese Schneckenart wurde mit Austern zusammen 1890 aus den USA nach Europa eingeschleppt; 1924 wurde sie in Holland wahrgenommen, 1934 erstmals in der Deutschen Bucht; auf den Halligen tauchte sie in den 50er Jahren auf.

Suchen und Finden

Gehäuse: im Angespül; besonders häufig nördlich von List.

Lebende Schnecken: Zuweilen leben sie auf Miesmuscheln in Ufernähe und bilden dort Miniketten von drei oder vier Exemplaren, gelegentlich auch auf Herzmuscheln.

Queller

Queller

Der Queller ist kein Schalentier, sondern eine einjährige Salzpflanze, ein wichtiger Pionier bei der Verlandung des Meeres. In früheren Zeiten war er als Nahrungsmittel auf den Halligen bekannt, wie aus älteren Texten hervorgeht. Dieses Wissen ist jedoch verloren gegangen, obwohl Queller andernorts nach wie vor gegessen, sogar als Souvenir an Touristen verkauft wird, z. B. in der Bretagne. In Seeland (Niederlande) kann er neuerdings an vielen Orten gekauft werden.

Wir beschreiben ihn hier, weil er als Zutat zu einem der angegebenen Rezepte benötigt wird. Er ist charakteristisch im Aussehen und leicht zu finden und kann als Bestandteil oder zur Dekoration von vielen Arten von Salaten verwendet werden. (Sollte sich jemand aufgrund der Beschreibung nicht sicher sein: auf den Halligen sind alle Salzpflanzen essbar und völlig unschädlich.)

 ## Steckbrief

Aussehen: Aufrecht stehende runde Stängel, die durch Einschnürungen gekennzeichnet sind. Keine Blätter (rückgebildet).
Farbe: junge Pflanzen sind grün; die älteren werden durch hohe Salzaufnahme rot und etwas holzig-zäh.

Lebensraum: Zwischen Seegraswiesen und Halligpflanzen im flachen Wasser oder auf sehr feuchtem, salzigem Boden von Inseln und Halligen; auch in den Lücken der Steindeiche der Halligen.

Queller

127

Suchen und Finden

In tieferen Bereichen der Halligen, an Prielufern, auf Steindeichen. Es empfiehlt sich, die Pflanzen mit einer Schere abzuschneiden. Man vermeide die unteren, eingetrockneten Teile, sowie diejenigen, die sich bereits vom Salz rötlich färben. Auf den Steindeichen kann man sie völlig unvermischt mit anderen Pflanzen abschneiden, was den Arbeitsaufwand auf ein Minimum reduziert. Am leckersten ist dieses „Gemüse" zwischen April und Juni.

Vorbereitung

Pflanzen anderer Arten auslesen, Queller waschen, klein schneiden. Roh oder blanchiert verwenden.

Rezepte

Vorbehandlung der Weichtiere

Muscheln

Säubern

Austern mit einer harten Bürste oder Drahtbürste unter Wasser kräftig abbürsten. Miesmuscheln mit einem Schälmesser oder mit dem scharfen Rand einer anderen Muschel von eventuell anhaftenden Seepocken befreien, die Byssafäden („Bart" der Miesmuscheln) abreißen.

Da die meisten Weichtiere der sandigen und schlammigen Gezeitenzonen mit ihrer Nahrung Sand und andere Fremdkörper aufnehmen, sollte man sie vor der Zubereitung in eine Schüssel mit frischem Salzwasser legen, damit die Tiere Sand und Fremdkörper ausscheiden können. Das Wasser sollte mehrmals gewechselt werden. Wer im Sportboot unterwegs ist, hängt die Muscheln zweckmäßigerweise im Netz über die Bordwand.

Herzmuscheln können besonders viel Sand enthalten. Es ist anzuraten, sie über Nacht in Wasser liegen zu lassen. In Ländern, in denen der Verzehr von Herzmuscheln populärer ist als bei uns, ist man der Auffassung, dass ein Zusatz von Mehl zum Wasser den Reinigungsprozess beschleunigt. Dazu 2 EL Salz und 2 EL Mehl mit etwas Wasser zu einer Paste vermischen und diese im Wasser auflösen.

Miesmuscheln können ebenfalls bis zum nächsten Tag aufgehoben werden, sollten dann aber nicht in Wasser liegen, sondern mit einem feuchten Tuch abgedeckt werden.

Muscheln, die nicht ganz geschlossen sind, sollten aussortiert werden, es sei denn, dass sie sich bei leichtem Anklopfen schließen.

Öffnen

Muscheln können auf zwei verschiedene Arten geöffnet werden, durch Aufbrechen und durch Erhitzen.

Aufbrechen: Muscheln müssen aufgebrochen werden, wenn sie roh verzehrt werden sollen. Prinzipiell kann jede essbare Muschel roh verzehrt werden, eigentlich ist dies jedoch nur bei Austern üblich.

Austern werden traditionell ausschließlich aufgebrochen (mit Hilfe eines speziellen Austernmessers oder ersatzweise eines anderen Messers mit kurzer, starker Klinge).

Zum Aufbrechen die Auster, flache Schale nach oben, mit einem gefalteten Trockentuch festhalten. Eine Stelle suchen, an der die Spitze des Messers zwischen die beiden Schalen eingeführt werden kann; durch eine scharfe, drehende Bewegung des Messers die Auster aufbrechen, das Messer an der Innenseite der oberen Schale entlangführen, um den Muskel zu durchtrennen, der die Schalen zusammenhält. Die obere Schale entfernen und darauf achten, dass die Flüssigkeit in der unteren Schale nicht verschüttet wird. Schalensplitter mit der Messerspitze entfernen. Das untere Ende des Muskels durchtrennen, indem das Messer zwischen Fleisch und der unteren Schale durchgeführt wird.

Frisch geöffnete Austern können, in Folie gewickelt, 24 Stunden im Kühlschrank aufbewahrt werden.

Wenn die Austern nicht roh verzehrt werden sollen, sondern als Zutat für ein kompliziertes Gericht vorgesehen sind, sollten sie vorher pochiert werden. Dazu das Austernwasser filtrieren (feinmaschiges Sieb), u. U. durch Weißwein oder Sekt ergänzen, die Austern hineingeben, zum Kochen bringen und maximal 30 Sekunden simmern lassen, bis sie leicht angesteift sind. Die Austern aus dem Sud nehmen und bis zur weiteren Verwendung warm halten.

Erhitzen: Miesmuscheln, Herzmuscheln und Sandklaffmuscheln werden meist über wenig kochender Flüssigkeit in Dampf gegart, nach 3 bis 8 Minuten bei starker Hitze öffnen sich ihre Schalen. Die Flüssigkeit dient dabei nur der Dampfentwicklung; die Muscheln sollen nicht darin gekocht werden. Es sollte ab und zu nachgesehen werden, ob sich die Muscheln schon geöffnet haben. Unnötig langes Garen macht das Fleisch zäh.

Muscheln, die sich nicht geöffnet haben, sollten wegen möglicher Vergiftungsgefahr aussortiert werden.

Auch Austern können durchaus durch Erhitzen geöffnet werden, wenn sie nicht roh verzehrt werden sollen. Entgegen der landläufigen Meinung wird dadurch ihr Fleisch nicht gummiartig, solange die Garzeiten recht knapp gehalten werden. Nach 4 Minuten Dämpfen in etwas kochender Flüssigkeit oder 30 Sekunden bei 600 Watt in der Mikrowelle sind die Schalen zumindest so weit geöffnet, dass das Messer leichter eingeführt werden kann.

Dämpfen kann darüber hinaus als der erste Arbeitsgang bei der Zubereitung von komplizierteren Gerichten betrachtet werden. So kann die Flüssigkeit als Basis für eine Soße oder Suppe dienen, und die gedämpften Muscheln können gratiniert, gebraten oder als Einlage für Suppen und Ragouts dienen.

Zubereitung: Grundrezepte

Muscheln

Grundrezept 1: **Muscheln in eigenem Saft** (ca. 1 kg Muscheln pro Person)

Die Muscheln enthalten so viel eigene Flüssigkeit, dass sie in dem Saft gedämpft werden können, den sie beim Erhitzen abgeben. Dazu die Muscheln ohne weitere Zutaten in einen sehr stark erhitzten, schweren Topf geben, zudecken und auf großer Flamme dämpfen, bis sich die Muscheln geöffnet haben. Den Topf ab und zu rütteln oder die Muscheln mit einem großen Löffel umschichten, damit sie gleichmäßig garen.

Wer es nicht ganz so puristisch sieht, kann dem Gericht noch mit aromatischem Gemüse (Porree, Zwiebeln, Möhren, Sellerie und Fenchel) und Kräutern und Gewürzen (Petersilie, Thymian, Lorbeer, Knoblauch, Pfeffer), einzeln oder in Kombination, eine andere Geschmacksnote geben.

Grundrezept 2: **Muscheln in aromatischer Brühe** (4 Portionen)

4 kg Muscheln
1 Bund Suppengrün, fein geschnitten
1 Zwiebel, in Ringe geschnitten
1 Lorbeerblatt
1 Bund Petersilie
ein paar Pfefferkörner
$\frac{1}{2}$ l Wasser

Alle Zutaten, bis auf die Muscheln, zum Kochen bringen. Die Muscheln hinzufügen, den Topf zudecken und auf großer Flamme dämpfen, bis sich die Muscheln geöffnet haben. Den Topf ab und zu rütteln oder die Muscheln mit einem großen Löffel umschichten, damit sie gleichmäßig garen.

Grundrezept 3: **Muscheln in Wein** (4 Portionen)
4 kg Muscheln
1 Zwiebel, in Ringe geschnitten
1 Möhre, in Scheiben geschnitten
1 kleine Lauchstange, in Ringe geschnitten
1 Knoblauchzehe
1 Bund Petersilie
1 Zweig Thymian
1 EL Butter
1 Lorbeerblatt
ein paar Pfefferkörner
$^1/_4$ bis $^1/_2$ l Weißwein

Das Gemüse und die Kräuter und Gewürze in der Butter auf kleiner Flamme anschmoren. Den Wein angießen und zum Kochen bringen. Dann die Muscheln hinzufügen, den Topf zudecken, und auf großer Flamme dämpfen, bis sich die Muscheln geöffnet haben. Den Topf ab und zu rütteln oder die Muscheln mit einem großen Löffel umschichten, damit sie gleichmäßig garen.
Die Muscheln mit einem Schaumlöffel herausnehmen und je nach weiterer Verwendung abkühlen lassen oder in einer vorgewärmten Servierschüssel warm halten. Muscheln, die sich nicht geöffnet haben, aussortieren. Da die Garflüssigkeit noch Sand enthalten kann, sollte sie vor der weiteren Verwendung durch ein Sieb, das mit einem feuchten Küchenhandtuch ausgelegt ist, filtriert werden.

Genießen
Die Muscheln auf tiefe, vorgewärmte Teller geben und mit der durchgesiebten Garflüssigkeit übergießen. Mit einer leeren Schale, die man wie eine Zange gebraucht, holt man das Fleisch aus den gefüllten Schalen. Die Garflüssigkeit isst man mit einem Löffel oder stippt sie mit Brot auf.

133

Schnecken

Schnecken müssen von Flüssigkeit bedeckt gekocht werden. Diese kann im schlichtesten Fall nur Wasser sein, andernfalls mit aromatischen Gemüsen und Kräutern angereichertes Wasser oder eine Wasser-Weinmischung wie in den Muschelgrundrezepten 2 und 3.

Wellhornschnecken werden etwa 15 Minuten in kochendem Wasser gegart. Sobald die Wellhornschnecken abgekühlt sind, das Fleisch mit einer Gabel am Horndeckel herausziehen und den unverdaulichen Deckel abschneiden.

Strandschnecken werden etwa 5 Minuten gegart. Der Deckel sitzt sehr lose auf dem Fuß – er löst sich manchmal durch den Kochvorgang von selbst. Der Schneckenkörper kann leicht mit einem Zahnstocher oder mit so genannten Lockenwicklernadeln aus dem Gehäuse gezogen werden.

Zubereitung: Leckere Rezepte

Austern

Rohe Austern

Die Austern öffnen, wie im Kapitel Behandlung der Weichtiere beschrieben, und die Schalenhälften auf einem Bett von zerstoßenem Eis oder grobem Salz anrichten, damit sie nicht umfallen. Sollte dieses nicht zur Verfügung stehen, gewährleistet ersatzweise zerknüllte Alufolie einen sicheren Stand der Schalen.

Die Austern können nun mit dem Saft aus der Schale geschlürft werden. Soll es nicht ganz so puristisch zugehen, können sie nach Belieben mit zusätzlichen Gewürzen und Soßen serviert werden:

Mengenangaben für 20 mittelgroße Austern:
– einige Tropfen Zitronensaft und/oder frisch gemahlener Pfeffer
– Vinaigrette aus 1 gehackten Zwiebel, 4 EL Öl, 1 EL Weinessig, gehackter Petersilie, Pfeffer, Salz
– Tomatensoße aus 1 Tasse Tomatensaft, 1 EL Öl, gehacktem Basilikum oder Schnittlauchröllchen, Pfeffer, Salz
– Knoblauchmayonnaise aus 1 Tasse Mayonnaise und 1 durchgepressten Knoblauchzehe
– Chili-Joghurt aus 1 Tasse Joghurt, Chilisoße nach Geschmack, gehackter Petersilie und Frühlingszwiebeln

Heiße Austern
20 mittelgroße Austern
$^1/_4$ l Weißwein

Entweder die ungeöffneten Austern über kochendem Wein dämpfen, bis sie sich öffnen, das Fleisch auslösen und bis zum Servieren in jeweils einer tiefen Schalenhälfte auf einem Bett von Salz oder zerknüllter Alufolie warm halten.

Oder die frischen Austern mit einem Messer öffnen, das Fleisch auslösen, die Flüssigkeit auffangen und durchsieben. Die tiefen Schalenhälften im vorgeheizten Backofen auf einem Bett von Salz oder zerknüllter Alufolie erwärmen. Austern, Austernflüssigkeit und Wein in einen Topf geben und zum Kochen bringen. Maximal 30 Sekunden simmern lassen. Aus dem Sud nehmen und in den Schalenhälften servieren.

Austern mit Petersilienbutter
20 Austern, nach Rezept *Heiße Austern* vorbereitet

250 g weiche Butter
2 EL Petersilie, gehackt
1 Zwiebel, gehackt

135

Pfeffer
Zerstoßene Salzcracker oder Paniermehl zum Überstäuben

Butter, Petersilie, Zwiebel und Pfeffer vermischen. Die Austern in ihren Schalenhälften damit überziehen, mit dem Cracker- oder Paniermehl überpudern und bei 200° C im vorgeheizten Backofen bei eingeschaltetem Grill gratinieren.

Austern mit Sahnesoße
20 Austern, nach Rezept *Heiße Austern* vorbereitet

200 ml Dämpfflüssigkeit
100 ml flüssige Sahne
2 EL kalte Butter
Pfeffer

Die Dämpfflüssigkeit mit der Sahne so lange einkochen, bis sie dickflüssig zu werden beginnt. Die Butter in kleinen Stückchen einrühren, pfeffern, die Austern mit der Soße überziehen und sofort servieren oder bei 200° C im vorgeheizten Backofen bei eingeschaltetem Grill gratinieren.

Austern mit Tinkeltuten (Strandschnecken)
20 Austern, nach Rezept *Heiße Austern* vorbereitet

Sahnesoße, nach Rezept Austern in Sahnesoße vorbereitet
1 kg Tinkeltuten
3 Thymianzweige
3 Petersilienstängel
einige Pfefferkörner

1 Knoblauchzehe, durchgepresst
2 El Butter
2 EL gehackte Petersilie

200 g Tomatenfruchtfleisch in kleinen Stücken
Salz, Pfeffer

Ausreichend Wasser, um die Tinkeltuten damit zu bedecken,
mit Thymian, Petersilie und Pfefferkörnern zum Kochen brin-
gen. Die Schnecken darin 5 Minuten kochen, abgießen, ihr
Fleisch aus dem Gehäuse ziehen.
Die Butter zerlassen und den Knoblauch darin anschwitzen.
Schnecken, Petersilie und Tomatenfruchtfleisch dazugeben
und 5 Minuten dünsten. Salzen und pfeffern.
Die Schnecken-Tomatenmischung auf die Austern geben, mit
der Sahnesoße überziehen und bei 200° C im vorgeheizten
Backofen mit eingeschaltetem Grill gratinieren.

Austern mit Eiersoße
20 Austern, nach Rezept *Heiße Austern* vorbereitet

200 ml Dämpfflüssigkeit
4 Eigelb
200 g kalte Butter, in kleine Würfel geschnitten

Die Dämpfflüssigkeit auf großer Flamme auf etwa die Hälfte
einkochen, abkühlen lassen.
In einem kleinen Topf Kochflüssigkeit und Eigelb miteinander
verrühren. Den Topf in einen größeren Topf mit fast bis zum
Siedepunkt erhitztem Wasser stellen. Mit einem Schneebesen
ca. 10 Minuten lang schlagen, bis die Soße dick ist. Danach die
Butterwürfel in kleinen Mengen nach und nach unter die Soße
schlagen.
Die Austern mit der Soße überziehen und sofort servieren
oder bei 200° C im vorgeheizten Backofen bei eingeschaltetem Grill gratinieren.

Austern mit Buttersoße

20 Austern, nach Rezept *Heiße Austern* vorbereitet

200 ml Dämpfflüssigkeit
250 bis 400 g kalte Butter, in kleine Würfel geschnitten
3 Schalotten (ersatzweise Zwiebeln), sehr fein gehackt
Salz, Pfeffer

Die Dämpfflüssigkeit mit den Schalotten (Zwiebeln) in einem kleinen Topf so lange köcheln lassen, bis nur noch so viel Flüssigkeit vorhanden ist, dass die Schalotten gut feucht sind. Den Topf in einen größeren Topf mit fast bis zum Siedepunkt erhitztem Wasser stellen. Die Butterwürfel in kleinen Mengen nach und nach mit dem Schneebesen einschlagen, bis die Soße cremig wird.
Die Austern mit der Soße überziehen und sofort servieren oder bei 200° C im vorgeheizten Backofen bei eingeschaltetem Grill gratinieren.

Gefüllte Austern

20 Austern, nach Rezept *Heiße Austern* vorbereitet

2 Zwiebeln, fein gehackt
4 EL Butter
2 Knoblauchzehen, durchgepresst
1 EL Petersilie, fein gehackt
2 Eigelb
150 g frische Weißbrotkrumen

Die Butter schmelzen, Zwiebeln darin glasig werden lassen, Petersilie und Knoblauch dazugeben und kurz mitdünsten lassen. In einer Schüssel mit den Eigelben und dem Brotkrumen vermengen.
Jeweils etwas dieser Füllung in die Schalen füllen, die Auster

darauf setzen und mit Füllung bedecken. Bei 200° C im vorgeheizten Backofen bei eingeschaltetem Grill gratinieren.

Austern Rockefeller

Dieses ursprünglich amerikanische Rezept soll seinen Namen einem Wortspiel verdanken: rich *as Rockefeller*, (reich wie Rockefeller), aber *rich* hat im Englischen u. a. auch die Bedeutung *inhaltsreich, vollmundig.*

20 Austern, nach Rezept *Heiße Austern* vorbereitet

60 g Butter
4 Scheiben Bacon oder durchwachsener Speck, knusprig gebraten, abgetropft und zerkleinert

150 g Spinat, frisch gekocht oder aufgetaut, fein gehackt
1 El Frühlingszwiebeln oder 1 Zwiebel, gehackt
1 El Petersilie, gehackt
1 Stange Bleichsellerie, gehackt (wahlweise)
1 Knoblauchzehe, durchgepresst (wahlweise)

Salz, Pfeffer oder Tabasco
1 EL Worcestershire-Soße (wahlweise)
1 EL Pernod oder anderer Anisschnaps (wahlweise)
3 EL Semmelbrösel

Die Butter zerlassen, Sellerie und Zwiebeln 5 Minuten darin dünsten. Knoblauch, Petersilie, Spinat und Semmelbrösel dazugeben und weitere 5 Minuten dünsten, den Speck untermischen, mit Pfeffer, Salz, Worcestershire-Soße und Pernod abschmecken.
Die Austern in ihren Schalenhälften damit überziehen. Bei 200° C im vorgeheizten Backofen bei eingeschaltetem Grill gratinieren.

Gebratene Austern
Austern, nach Rezept *Heiße Austern* vorbereitet

Salzcracker
Butter

Die Austern trockentupfen und leicht pfeffern. Cracker im Mixer zerkleinern. Die Austern im Crackermehl wälzen und in der erhitzten Butter goldbraun braten. Mit einigen Spritzern Zitronensaft und/oder Remouladensoße servieren.

Ausgebackene Austern
20 Austern, nach Rezept *Heiße Austern* vorbereitet

Mehl
Semmelbrösel
2 Eier, verschlagen
Pfeffer, Salz
$^1/_2$ l Öl oder 250 g Butter zum Ausbacken

Die Austern leicht pfeffern. Die Eier in einem tiefen Teller verschlagen. Mehl und Semmelbrösel auf jeweils einen Teller verteilen. Die Austern im Mehl wenden, in das Ei tauchen und anschließend in den Semmelbröseln wälzen. Einige Minuten ruhen lassen, damit die Panade fest wird.
Das Öl in einer Fritteuse, bzw. die Butter in einer Kasserolle oder kleinen hochbordigen Pfanne erhitzen. Die Austern darin portionsweise goldgelb ausbacken. Mit einigen Spritzern Zitronensaft und/oder Remouladensoße auf Toast servieren.

Austern im Speckmantel

Dieses ursprünglich amerikanische Rezept hat dort den kuriosen Namen *Angels on Horseback* (Engel auf Pferderücken).

Austern, nach Rezept *Heiße Austern* vorbereitet

Dänischer Frühstücksspeck in Scheiben, jeweils eine halbe Scheibe für jede Auster
Pfeffer, Salz

Die Austern trockentupfen, leicht salzen und pfeffern. Die Speckscheiben um das Muschelfleisch wickeln und mit Zahnstochern sichern. Von beiden Seiten unter dem Grill bräunen, bis der Speck knusprig ist.

Gegrillte Austern

20 ungeöffnete Austern

$\frac{1}{8}$ l Weinessig
2 Zwiebeln, fein gehackt
Salz, Pfeffer

Die Würzzutaten mischen, den Holzkohlengrill vorbereiten. Die Austern mit der flachen Schale nach oben auf den Grillrost setzen. Fünf bis zehn Minuten grillen, bis sie sich öffnen. Mit Hilfe einer Grillzange auf ein Bett von Salz oder zerknüllter Alufolie setzen. Die flache Schalenhälfte entfernen, das Austernfleisch lösen und mit der Würzmixtur besprenkeln.

Miesmuscheln

Miesmuscheln in Currysoße
4 kg Miesmuscheln, nach einem Grundrezept gegart und warm gehalten
2 EL Butter
2 EL Mehl
ca. $\frac{1}{2}$ l Garflüssigkeit
1 Zwiebel, gehackt
2 Knoblauchzehen, gepresst
1 TL Currypulver
1 EL Petersilie, gehackt
1 EL Zitronensaft
1 Becher (100 g) Crème double oder Schlagsahne
Salz, Pfeffer

Für die Soße die Butter in einem Topf zerlassen und die Zwiebel darin glasig werden lassen. Mehl und Currypulver einrühren, passierte Garflüssigkeit, die Sahne und den Knoblauch dazugeben und verrühren. Zum Kochen bringen und unter ständigem Rühren 10 Minuten simmern lassen. Mit Salz, Pfeffer und Zitronensaft abschmecken.
Die Muscheln mit der Soße überziehen und mit gehackter Petersilie überstreuen.

Miesmuscheln in Pernod-Soße
4 kg Miesmuscheln, nach einem Grundrezept gegart und warm gehalten
Garflüssigkeit
1 große Zwiebel, gehackt
2 Knoblauchzehen, durchgepresst
1 kleine Stange Porree, klein geschnitten
2 El Pernod

2 Becher (à 125 g) Crème double
Salz, Pfeffer, Zucker

Das Gemüse unter Rühren in etwas Öl weichdünsten. Mit Pernod und Crème double ablöschen und auf kleiner Flamme simmern lassen. Einen Teil der passierten Muschelbrühe dazugeben, mit Salz, Pfeffer und Zucker abschmecken.
Die Muscheln mit der Soße überziehen.

Miesmuscheln in Tomatensoße

4 kg Miesmuscheln
1 große Zwiebel, gehackt
2 Knoblauchzehen, durchgepresst
500 g Tomaten, abgezogen, entkernt und gehackt (oder 1 Dose Tomaten)
$1/_{10}$ l Weißwein
4 EL Olivenöl
Salz, Pfeffer, Zucker
1 Lorbeerblatt
1 Bund Basilikum, entstielt und fein geschnitten, oder 1 TL getrocknetes Basilikum

In einem großen Topf bei schwacher Hitze Zwiebeln und Knoblauch im Olivenöl anschwitzen. Tomaten, Wein, Lorbeer und Basilikum hinzufügen und zugedeckt 30 Minuten köcheln lassen. Die Soße mit Salz, Pfeffer und Zucker abschmecken und wieder zum Kochen bringen. Die Muscheln in die Soße geben, den Topf zudecken und die Muscheln darin 5 bis 10 Minuten kochen. Den Topf öfter kräftig rütteln, damit alle Muscheln gleichmäßig gar werden.

Miesmuscheln in Senfsahne

4 kg Miesmuscheln, nach einem Grundrezept gegart und
    warm gehalten
$\frac{1}{4}$ l Garflüssigkeit
2 Zwiebeln, gehackt
1 EL Butter
2 Stangen Bleichsellerie, in feine Scheiben geschnitten
2 Becher Crème fraiche
1 EL scharfer Senf
Pfeffer
2 EL Petersilie, gehackt

Zwiebeln und Bleichsellerie bei schwacher Hitze in der Butter
anschmoren, mit der Garflüssigkeit ablöschen und 10 Minuten
köcheln lassen. Mit einem Schneebesen die Crème fraiche und
den Senf einrühren.
Die Muscheln mit der Senfsoße überziehen und mit der Petersilie bestreuen.

Muschelcremesuppe

1 kg Muscheln, gegart und aus den Schalen gelöst
ca. $\frac{1}{2}$ l passierter Kochsud
2 Zwiebeln, gehackt
1 Knoblauchzehe, durchgepresst
3 EL Butter
2 EL Mehl
$\frac{1}{4}$ l Weißwein
$\frac{1}{4}$ l Sahne
1 EL Curry (nach Belieben)
2 Eigelb
Dill, gehackt

Die Zwiebeln und den Knoblauch in der Butter anschwitzen.

Das Mehl darüber stäuben und mit dem Muschelsud und dem Wein aufgießen. Dreißig Minuten köcheln lassen.

Eigelb und Sahne und gegebenenfalls Curry miteinander vermischen und langsam einen Schöpflöffel heiße Suppe untermischen. Diese Legierung in die Suppe rühren und vorsichtig wieder erhitzen, jedoch nicht mehr kochen! Sobald die Suppe gebunden ist, das Muschelfleisch dazugeben.

Muschelsuppe mit Nudeln

1 kg Miesmuscheln, gegart und ausgelöst.
Muschelbrühe, gegebenenfalls mit Wasser auf 1 l ergänzt
Das Weiße von 2 Stangen Porree, in feine Scheiben geschnitten
1 EL Butter
100 g Suppennudeln
125 g Crème fraîche
Salz, Pfeffer
1 Prise Safran

Den Porree in der Butter bei geringer Hitze anschmoren lassen. Den Muschelsud angießen, zudecken und 5 Minuten kochen lassen. Den Safran und die Nudeln in die Suppe geben. Wenn die Nudeln gar sind, die Muscheln und die Sahne hinzufügen und erhitzen. Mit Salz und Pfeffer abschmecken.

Muschelsuppe mit Milch

1 kg Miesmuscheln, gegart und ausgelöst
Garflüssigkeit der Muscheln
$\frac{1}{2}$ l Milch oder Milch-Sahne-Gemisch
150 g Frühstücksspeck, gewürfelt
1 Zwiebel, gehackt
4 Kartoffeln, in Scheiben geschnitten
1 Lorbeerblatt

1 Zweig Thymian
Salz, Pfeffer

Den Speck hellbraun anbraten. Die Zwiebeln dazugeben und glasig werden lassen. Die Kartoffeln, das Lorbeerblatt und Thymian hinzufügen. Kurz durchschmoren, dann mit so viel Muschel-Garflüssigkeit auffüllen, dass die Kartoffeln bedeckt sind. 15 bis 20 Minuten köcheln lassen. Danach die Milch hinzufügen, weitere 5 Minuten köcheln lassen, mit Pfeffer und Salz abschmecken. Die Muscheln in die Suppe geben und kurz erhitzen.

Muschelsuppe mit Graupen und Queller
1 kg Miesmuscheln, gegart und ausgelöst
Garflüssigkeit, gegebenenfalls mit Wasser oder Brühe auf 1 l ergänzt
100 g Graupen
100 g Queller
1 Bund Suppengrün, klein geschnitten
1 Zwiebel, gehackt
1 Knoblauchzehe, durchgepresst
1 Lorbeerblatt
1 EL Öl
Salz, Pfeffer
Petersilie, gehackt

Die Zwiebel im Öl auf kleiner Flamme glasig werden lassen. Suppengrün und Knoblauch dazugeben und kurz mitschmoren. Die Graupen hinzufügen und kurz anrösten. Das Lorbeerblatt einlegen und mit der Garflüssigkeit aufgießen. Aufkochen und dann auf kleiner Flamme ca. 30 Minuten köcheln lassen. Fünf Minuten vor Ende der Kochzeit den Queller hinzufügen. Die Muscheln und die Petersilie dazugeben. Auf dem Herd ein paar Minuten unterrühren. Mit Pfeffer und Salz abschmecken.

Gefüllte und überbackene Miesmuscheln

(Für dieses Gericht können auch Klaffmuscheln verwendet werden)

1 kg Miesmuscheln, gegart, jeweils eine Schalenhälfte entfernt
1 Bund Petersilie, gehackt
2 Knoblauchzehen, durchgepresst
3 EL Paniermehl
3 EL Parmesan
3 EL Olivenöl
Salz, Pfeffer

Petersilie, Knoblauch, Paniermehl, Käse, Olivenöl, Salz und Pfeffer miteinander vermischen. Die Muschelhälften mit Füllung bestreichen, mit Öl beträufeln und in eine feuerfeste Form oder auf ein Backblech legen. Im vorgeheizten Backofen bei 200° C backen, bis die Füllung goldbraun geworden ist.

Spaghetti mit Miesmuscheln in Tomatensoße

1,5 kg frische Miesmuscheln, nach Grundrezept zubereitet und ausgelöst
$^{1}/_{4}$ l Garflüssigkeit
1 Zwiebel, klein geschnitten
2 Knoblauchzehen, zerdrückt
450 g Dosentomaten, zerkleinert
1 EL frisches Basilikum, fein gezupft
2 EL Petersilie, fein gehackt
500 g Spaghetti, gekocht und warm gehalten
2 EL Olivenöl
Salz, Pfeffer, Zucker

Olivenöl in einer Pfanne erhitzen und die Zwiebel darin glasig werden lasen. Tomaten, Muschelflüssigkeit, Basilikum, Petersilie und Knoblauch dazugeben. Aufkochen und dann auf kleiner Flamme köcheln lassen, bis die Soße eingedickt ist (ca. 30 Minuten). Mit Salz, Pfeffer und Zucker abschmecken. Die Muscheln dazugeben und erwärmen.

Die Muschelsoße über die Spaghetti geben und alles vermischen.

Muscheln mit Mayonnaise

2 kg Miesmuscheln, nach Grundrezept zubereitet, abgekühlt und eine Schalenhälfte entfernt

$\frac{1}{2}$ l Mayonnaise

Die Muschelhälften auf einer Platte anrichten und mit Mayonnaise überziehen, die mit nachfolgenden Kräutern oder Gewürzen aromatisiert wurde:

– 2 Knoblauchzehen, durch eine Presse gedrückt
  oder
– 2 TL scharfer Senf
  oder
– je 1 TL Estragon, Schnittlauch, Kerbel und Petersilie
  oder
– 125 g blanchierter, gut abgetropfter, sehr fein gehackter Spinat; eine Prise Muskat

Überbackene Muscheln auf Spinat

2 kg Muscheln, nach Grundrezept zubereitet und ausgelöst

500 g Blattspinat
1 Zwiebel, fein gehackt
1 Knoblauchzehe, durch Presse gedrückt
2 EL Butter
1 Prise Muskat
Salz, Pfeffer
Butter zum Ausfetten

1 Tasse Kochflüssigkeit der Muscheln
4 Eigelb
250 g Butter, in kleine Würfel geschnitten

Butter schmelzen und darin die Zwiebel und den Knoblauch glasig werden lassen. Den Spinat dazugeben und anschmoren. Mit Salz, Pfeffer und Muskat abschmecken.
Eine Auflaufform buttern, den Spinat einfüllen und mit den Muscheln bedecken.
In einem kleinen Topf Kochflüssigkeit und Eigelb miteinander verrühren. Den Topf in einen größeren Topf mit fast bis zum Siedepunkt erhitztem Wasser stellen. Mit einem Schneebesen ca. 10 Minuten lang schlagen, bis die Sauce dick ist. Danach die Butterwürfel in kleinen Mengen nach und nach unter die Sauce schlagen. (Ersatzweise ein Fertigprodukt Sauce Hollandaise verwenden)
Die Soße gleichmäßig über die Muscheln verteilen. Im auf 200–220° C vorgeheizten Backofen 10–15 Minuten überbacken.

Reis mit Muscheln

2 kg Miesmuscheln, gegart und ausgelöst
$1/_2$ l Muschelgarflüssigkeit
250 g Langkornreis
2 EL Butter
2 Knoblauchzehen, durch Presse gedrückt
1 Zwiebel, gehackt
250 g Blattspinat
4 Tomaten, gehäutet, entkernt und in Stückchen geschnitten
Salz, Pfeffer, Muskat
geriebener Parmesankäse (nach Belieben)
2 EL frische Kräuter (Majoran, Basilikum, Dill, Petersilie)

Die Butter erhitzen und Zwiebeln und Knoblauch darin glasig braten. Den Reis dazugeben, kurz mitschwitzen lassen und mit der Flüssigkeit ablöschen. Zum Kochen bringen, den Deckel auflegen und auf sehr kleiner Flamme ca. 30 Minuten quellen lassen. Danach den Spinat, die Muscheln, Tomaten und die Kräuter unterheben und weitere 10 Minuten garen. Mit Salz, Pfeffer, Muskat und gegebenenfalls Parmesan abschmecken.

Hähnchen mit Miesmuscheln

500 g Miesmuscheln, nach Grundrezept 2 oder 3 gegart und ausgelöst, einige Muscheln zur Dekoration in der Schale lassen.

1 Hähnchen
2 EL Butter
1 EL Öl
100 ml trockener Weißwein
2 Tomaten
1 Becher Crème fraîche
1 Lauchstange
1 Möhre
1 EL Schnittlauch, geschnitten
Salz, Pfeffer

Das küchenfertige Hähnchen in Teile zerlegen. Öl und 1 EL Butter in einem Schmortopf erhitzen. Die Hähnchenteile von allen Seiten darin gut anbraten, salzen, pfeffern und bei mäßiger Hitze im zugedeckten Topf etwa 30 Minuten garen.
Möhre und Lauchstange putzen und in feine Streifen schneiden. Fünf Minuten in der restlichen Butter dünsten lassen.
Die Tomaten mit heißem Wasser überbrühen, die Haut abziehen und würfeln.
Die Hähnchenteile aus dem Schmortopf nehmen und in einer Servierschüssel warm halten. Das Bratfett abgießen und die Bratrückstände mit dem Weißwein ablösen. Tomaten und Crème fraîche, dann das gedünstete Gemüse dazugeben. Die

Sauce etwa 5 Minuten köcheln lassen. Das Muschelfleisch in der Sauce kurz erwärmen, Schnittlauch darüberstreuen.
Die Sauce über die Hähnchenteile gießen und mit einigen Muscheln garnieren. Dazu gekochten Reis servieren.

Miesmuscheln in Bier

4 kg Miesmuscheln
3 Zwiebeln, klein geschnitten
1 Stange Sellerie, in feine Scheiben geschnitten
1 Flasche Bier (0,33 l)
3 Eigelb
150 g Crème fraîche
1 EL Butter
Pfeffer, Salz

Die Zwiebeln und den Sellerie in der Butter auf kleiner Flamme glasig werden lassen. Pfeffern, das Bier angießen und zum Kochen bringen. Die Muscheln hinzufügen, zudecken, und auf großer Flamme kochen lassen, bis dass sich die Muscheln geöffnet haben.
Die Muscheln mit Hilfe eines Schaumlöffels herausnehmen und in einer Servierschüssel warm halten.
Die Kochflüssigkeit durchsieben und $1/4$ l davon zusammen mit der Crème fraîche in einem kleinen Topf erhitzen. Das Eigelb zerklopfen und mit ein wenig Soße vermischen. Den Topf vom Feuer nehmen und das Eigelb mit einem Schneebesen in die Soße rühren. Nicht mehr kochen!
Die Muscheln mit der Soße überziehen.

Marinierte Miesmuscheln

2 kg Miesmuscheln, nach einem der Grundrezepte zubereitet und aus den Schalen gelöst
2 Zwiebeln, fein gehackt

2 Knoblauchzehen, durch die Presse gedrückt
125 ml Olivenöl
Saft einer Zitrone
2 EL Petersilie, fein gehackt
1 EL Dill, fein gehackt
1 TL Zucker
Salz, Pfeffer
1 Ei, hart gekocht und fein gehackt

Olivenöl mit Zwiebeln, Knoblauch, Kräutern, Zucker, Salz, Pfeffer und Zitronensaft verrühren und über die Muscheln geben. Abgedeckt mindestens 2 Stunden im Kühlschrank ziehen lassen.
Mit dem gehackten Ei garnieren.

Herzmuscheln

Herzmuscheln in Vinaigrette
1,5 kg Herzmuscheln, gegart und ausgelöst
2 EL Weinessig
8 EL Olivenöl
1 Knoblauchzehe, durch die Presse gedrückt
Salz, Pfeffer, 1 Prise Zucker
2 EL Petersilie, gehackt

Aus Essig, Öl und den Gewürzen eine Marinade bereiten und über die Muscheln geben. Zwei Stunden im Kühlschrank ziehen lassen.

Spaghetti mit Herzmuscheln
1,5 kg Herzmuscheln, gegart und ausgelöst
etwas heiße Garflüssigkeit
500 g Spaghetti, gekocht, abgetropft und warm gehalten
2 Knoblauchzehen, durchgepresst
5 El Olivenöl
1 Bund Petersilie, fein gehackt
Pfeffer aus der Mühle

Den Knoblauch im Öl leicht anbraten, jedoch nicht braun werden lassen. Muschelfleisch und Petersilie dazugeben und 2 bis 3 Minuten weiter schmoren. Die Spaghetti mit etwas heißer Muschel-Garflüssigkeit anfeuchten und mit den Muscheln vermischen.

Marinierte Herzmuscheln

(Für dieses Rezept können auch Miesmuscheln verwendet werden)
2 kg Muscheln, nach Grundrezept zubereitet und ausgelöst
400 g geschälte Tomaten aus der Dose, abgetropft und grob gehackt
2 Knoblauchzehen, durch die Presse gedrückt
1 große Zwiebel, gehackt
6 EL Olivenöl
4 EL Rotweinessig oder Balsamico
3 EL frisch gehackte Petersilie
Salz, Pfeffer, Zucker

Die Tomaten mit Zwiebel, Knoblauch und Petersilie mischen. Öl und Essig unterrühren und mit Salz, Pfeffer und Zucker abschmecken. Die Muscheln unterheben und im Kühlschrank mehrere Stunden durchziehen lassen.

Herzmuschel-Pie

1,5 kg Herzmuscheln, nach einem Muschelgrundrezept gegart und ausgelöst
1 EL Mehl
1 EL Butter
$^1/_4$ l Milch
Salz, Pfeffer
geriebene Muskatnuss
1 Lorbeerblatt
Sahne (nach Belieben)
6 EL geriebener Käse
Butter für die Form

Die Muscheln in eine gebutterte Auflaufform legen.
Butter zerlassen. Das Mehl hineinrühren und kurz anschwitzen lassen. Die Milch mit einem Schneebesen einrühren und

weiterrühren, bis die Mischung glatt ist. Salz und Lorbeerblatt hinzufügen und zum Kochen bringen. Auf kleiner Flamme ca. 30 Minuten köcheln lassen. Mit Pfeffer und Muskat abschmecken und gegebenenfalls etwas Sahne zugeben.

Die Soße über die Muscheln gießen und den geriebenen Käse darüber streuen. Im Backofen bei 180° C ca. 30 Minuten überbacken.

Sandklaffmuscheln

Klaffmuschel-Pie
1,5 kg Klaffmuscheln (ersatzweise auch Essbare Herzmuscheln)
$^1/_2$ l Weißwein
1 Möhre, in dünne Scheiben geschnitten
1 Zwiebel, in dünne Scheiben geschnitten
1 Lorbeerblatt
4 EL Butter
2 EL Mehl
500 g Champignons
3 EL Sherry oder 1 EL Weinbrand
Salz, Pfeffer
Blätterteig
1 Eigelb, mit 2 EL Wasser geschlagen

Die Muscheln im Wein mit Möhre, Zwiebel, Lorbeerblatt und Pfeffer so lange dünsten, bis sich alle Schalen geöffnet haben. Die Muscheln aus den Schalen lösen; die Garflüssigkeit durch ein Sieb passieren.
Zwei Esslöffel Butter zerlassen, das Mehl hineinrühren, kurz anschwitzen und unter Rühren die Garflüssigkeit dazugießen. Mindestens 10 Minuten köcheln lassen, mit Salz und Pfeffer abschmecken. Die Champignons in der restlichen Butter anbraten. Champignons, Muscheln und Soße vermischen, Sherry oder Weinbrand hinzufügen. Die Mischung in eine Auflaufform geben und mit dem Blätterteig bedecken. Ein kleines Loch in die Mitte des Teigdeckels schneiden. Mit Eigelb bestreichen und im vorgeheizten Backofen bei 200° C backen, bis die Oberfläche goldbraun ist (ca. 45 Minuten).

Weiße Klaffmuschelsuppe (New England Clam Chowder)
40 Klaffmuscheln (ersatzweise Herzmuscheln) nach Muschelgrundrezept 1 oder 2 gegart (kein Wein), ausgelöst und klein
geschnitten
$1/_2$ l Garflüssigkeit
$1/_2$ l Milch
125 g Frühstücksspeck
1 Zwiebel, gehackt
1 Selleriestange, in feine Scheiben geschnitten
2 große Kartoffeln, geschält und in kleine Würfel geschnitten
$1/_2$ TL frischer Salbei, gehackt, oder $1/_4$ TL getrockneter
1 Lorbeerblatt
1 Nelke
Salz, Pfeffer
2 EL Petersilie, gehackt

Speck auslassen, Zwiebeln und Sellerie dazugeben und ca. 3 Minuten schmoren. Die Kartoffeln hinzufügen und mit so viel Garflüssigkeit auffüllen, bis alles knapp bedeckt ist (eventuell mit
Wasser ergänzen). Lorbeer, Salbei und Nelke hinzugeben, aufkochen und köcheln lassen, bis die Kartoffeln gar sind (ca. 15 Minuten). Nelke und Lorbeer entfernen. Die Muscheln hinzufügen
und mit Milch auffüllen. Erhitzen, aber nicht mehr kochen. Mit
Salz und Pfeffer abschmecken, mit Petersilie bestreuen.

Rote Klaffmuschelsuppe (Manhattan Clam Chowder)
40 Klaffmuscheln, nach beliebigem Muschelgrundrezept gegart, ausgelöst und klein geschnitten
$1/_2$ l Garflüssigkeit
125 g Frühstücksspeck
1 Zwiebel, gehackt
2 Stangen Sellerie, in feine Scheiben geschnitten
2 große Kartoffeln, geschält, in kleine Würfel geschnitten und
gekocht

1 Dose (800 ml) Tomaten
1 TL frische Thymianblätter oder $\frac{1}{2}$ TL getrocknete
2 EL Petersilie, gehackt
Salz, Pfeffer

Speck auslassen, Zwiebeln und Sellerie dazugeben und ca. 3 Minuten schmoren. Thymian und Tomaten hinzufügen. Die Garflüssigkeit angießen und zum Kochen bringen. Auf kleiner Flamme 30 Minuten köcheln lassen.
Kurz vor dem Servieren Kartoffeln und Muscheln in die Suppe geben. Erhitzen, aber nicht mehr kochen. Mit Pfeffer und Salz abschmecken und die Petersilie einrühren.

Klaffmuschel-Puffer
(Für dieses Gericht können alle Muschelarten verwendet werden)
500 g ausgelöste Muscheln, klein geschnitten
125 g Mehl
2 Eier, geschlagen
$\frac{1}{4}$ l Milch
$\frac{1}{2}$ TL Salz
$\frac{1}{4}$ TL Pfeffer
2 EL Zwiebeln, gehackt
2 EL fein gehackte Petersilie
2 EL fein gehacktes Basilikum (wenn vorhanden)
Öl oder Fett zum Braten

Mehl, Eier und Milch zu einem Teig verarbeiten und mit Salz, Pfeffer und Kräutern würzen. Die gehackten Muscheln und Zwiebeln in den Teig rühren.
Öl oder Fett in einer Pfanne erhitzen und die Mischung esslöffelweise hineingeben. Braten, bis die eine Seite braun ist, dann umdrehen und auf der anderen Seite bräunen.

Spaghetti mit Klaffmuscheln und grünen Bohnen

1,5 kg Klaffmuscheln, nach Muschelgrundrezept gegart und ausgelöst
500 g Spaghetti, gekocht und warm gehalten
2 EL Butter
2 Knoblauchzehen, durchgepresst
1 Zwiebel, klein geschnitten
$1/_4$ l Muschel-Garflüssigkeit
1 Becher Crème double
250 g gekochte grüne Bohnen
2 TL frische Thymianblätter oder $1/_2$ TL getrocknete
Salz, Pfeffer
geriebener Parmesan

Die Butter in einer Pfanne schmelzen lassen und die Zwiebel darin glasig werden lassen. Den Knoblauch, die Muschelbrühe und die Crème double dazugeben. Zum Kochen bringen und auf kleiner Flamme köcheln lassen, bis die Soße leicht angedickt ist (ca. 5 Minuten).
Die Bohnen, Muscheln und den Thymian dazugeben und köcheln lassen, bis alles durchgewärmt ist. Mit Salz und Pfeffer abschmecken.
Die Soße über die Nudeln geben, durchmischen und mit Parmesan bestreuen.

Wellhornschnecken

Wellhornschnecken-Kroketten
12 Wellhornschnecken
3 Eier, Eigelb und Eiweiß getrennt
100 g Zwiebel, fein gehackt
1 große Tomate, abgezogen, entkernt und gehackt
2 EL Petersilie, fein gehackt
1 Knoblauchzehe, durchgepresst
1 TL Salz
$1/_2$ TL Pfeffer
70 g Cracker, zerbröselt
1 EL Sahne (wenn nötig)

Die Wellhornschnecken in einen Topf mit kochendem Wasser geben und zugedeckt etwa 15 Minuten simmern lassen. Die Schnecken abtropfen lassen, das Fleisch aus den Gehäusen holen, abspülen und durch den Fleischwolf geben. Das Eigelb leicht schlagen. Alle Zutaten, mit Ausnahme des Eiweißes und der Sahne miteinander vermischen. Wenn die Mischung so fest ist, dass sie sich nicht vom Löffel löst, die Sahne untermischen.
Das Eiweiß steif schlagen und unter die Mischung heben.
Eine gut mit Fett ausgestrichene schwere Bratpfanne sehr stark erhitzen. Die Mischung esslöffelweise in die Pfanne geben. Von beiden Seiten braun braten.
(Wem dieses Rezept zu aufwendig ist, kann die Schnecken auch nach dem Rezept *Klaffmuschel-Puffer* zubereiten.)

Strandschnecken

Strandschnecken mit Essig-Ölsoße
1 kg Strandschnecken, nach Grundrezept vorbereitet und abgegossen

1 EL Essig
4 EL Öl
1 TL Petersilie, gehackt
1 kleine Zwiebel, gehackt
Pfeffer, Salz
1 Prise Zucker

Alle Soßenzutaten außer Öl miteinander verrühren, bis sich
das Salz und der Zucker aufgelöst haben. Anschließend mit
dem Öl zu einer Soße verrühren.

Für jeden Teilnehmer am Essen ein individuelles Schüsselchen
mit Soße bereitstellen. Das Schneckenfleisch wird erst bei Tisch
aus den Häuschen gezogen und in die Soße getunkt. Mit Butter bestrichene Roggen- oder Mischbrotscheiben passen gut
dazu.

Strandschnecken mit Queller und Kartoffelmayonnaise
1 kg Strandschnecken, nach Grundrezept vorbereitet und abgegossen

4 mittelgroße, mehlig kochende Kartoffeln, gekocht
4 Knoblauchzehen, durchgepresst
1 Zitrone, ausgepresst
ca. 150 ml Olivenöl
Pfeffer, Salz
500 g Queller (ersatzweise feine grüne Bohnen)

Kartoffeln, Knoblauch, Salz und etwas Öl in ein hohes Rührgefäß geben.

Mit dem Schneidstab eines Handrührgerätes zu einer Paste zerkleinern und nach und nach weiteres Öl zugeben. Wenn die Masse zu steif wird, etwas Zitronensaft oder lauwarmes Wasser unterrühren. Unter ständigem Rühren weiter Öl hinzugeben, bis die Soße glänzend wird. Mit weiterem Zitronensaft, Pfeffer und Salz abschmecken.

Den Queller in kochendes, ungesalzenes Wasser (die Bohnen in Salzwasser) geben und 5 bis 7 Minuten kochen. Abgießen.

Für jeden Teilnehmer am Essen einen Teller dekorieren: Die Strandschnecken auf einem Quellerbett anrichten; die Soße neben die Schnecken.

Begriffserklärungen

Apophyse: Fortsatz in der Muschel zum Ansatz von Muskeln

Konzentrisch: Schalenbildung (Grate usw.) parallel zum Schalenrand (kreuzen die radiären Schalenbildungen)

Ligament: Band, das beide Muschelschalen zusammenhält. Meist oberhalb des Schlosses

Periostracum: Oberhaut auf dem kalkigen Teil der Muschelschale; weich, dunkelgefärbt, faserig. Oft abgescheuert, bis die Schale an den Strand gelangt

Radiär: Schalenbildung (Rippen, Grate, Stacheln usw.) vom Schloss bis zum Muschelrand

Schloss: ineinander greifende Vorsprünge und Vertiefungen, die beide Muschelschalen zusammenhalten (Zähne)

Seitenzähne: bei den in diesem Buch beschriebenen Muschelarten deutlich erkennbare lang gestreckte Schlitze seitlich von den zentral liegenden Hauptzähnen

Siphon: Verlängerung des weichen Muschel- bzw. Schneckenkörpers zur Aufnahme und Abgabe des Atemwassers

Wirbel: der Punkt, von dem das Größenwachstum der Muschel ausgeht

Weiterführende Literatur

Landesamt für den Nationalpark Schleswig-Holsteinisches Wattenmeer, Umweltbundesamt (Hsgb.): Umweltatlas Wattenmeer, Bd. 1. Nordfriesisches und Dithmarscher Wattenmeer. Stuttgart 1998

Lindner, G.: Muscheln und Schnecken der Weltmeere. München, Wien, Zürich. Neuausgabe 1999

Nordsieck, F.: Die europäischen Meeresmuscheln, Stuttgart 1969

Reise, K.: Einstige Austernbänke. In Umweltatlas Wattenmeer, Bd. 1, Stuttgart 1998

Seidel, B.: Küstenfischerei in Nordfriesland, Husum 1999

Wiese, V.: Monatsblätter, Haus der Natur, Cismar 1997–1999

Willmann, R.: Muscheln und Schnecken der Nord- und Ostsee, Melsungen 1989

Ziegelmeier, E.: Die Muscheln (Bivalvia) der deutschen Meeresgebiete. Helgoländer wissenschaftliche Meeresuntersuchungen 6, 1–64, 1957

Danksagung

Wir verdanken vielen Menschen Auskünfte, die zur Erstellung dieses Buches notwendig waren. Insbesondere möchten wir danken: Martha (vor allem für die Tinkeltutenlieder) und Adolf Paulsen, Christa Pochert, Inke und Hans-Werner Johannsen, Theo und Marie-Theres Steinmann (für Islandmuschel und Braune Venusmuschel), Marlene Boysen; Helge Paulsen (für die Kammmuschel); Helga Praeger; Heinke und Boy-Peter Andresen; alle Langeness. Klaus-Peter Ottens, Fischrestaurant Käpten's Logis, Wittdün auf Amrum. Uwe Christiansen, Husum. Dr. Vollrath Wiese, Haus der Natur, Cismar. Heide Zibner, Frankfurt. Elmar Schröder (für die Krause Bohrmuschel), Bremen. Dem Nordfriesischen Institut, Bredstedt, danken wir für die Beratung hinsichtlich sprachlicher Fragen.

Inhalt

Schnecken